GEORGES GROSJEAN

LA POLITIQUE EXTÉRIEURE DE LA RESTAURATION ET L'ALLEMAGNE

2e ÉDITION

ÉDITIONS VICTOR ATTINGER

LA POLITIQUE EXTÉRIEURE DE LA RESTAURATION ET L'ALLEMAGNE

DU MÊME AUTEUR

La Révolution Française.

La Mission de Semonville a Constantinople (1793).

Les Relations diplomatiques de la France avec le royaume des Deux-Siciles.

La France et la Russie pendant le Directoire.

La Politique Orientale de Bonaparte.

La Question Religieuse.

Empire. Monarchie. République.

Le Droit de la Femme Mariée sur ses gains et salaires.

L'École et la Patrie. — La leçon de l'Étranger.

Pour l'Art. — Contre les Vandales.

La Maitrise de la Méditerranée pendant la Révolution Française.

La Politique de Vergennes.

La France au Rhin.

Jeanne d'Arc et le Sentiment national pendant la guerre de Cent Ans.

POUR PARAITRE PROCHAINEMENT :

L'Amiral de Villaret-Joyeuse.

La Doctrine de Monroe, le Pacte Kellog et la Société des Nations.

GEORGES GROSJEAN

LA POLITIQUE EXTÉRIEURE DE LA RESTAURATION ET L'ALLEMAGNE

ÉDITIONS VICTOR ATTINGER

PARIS
30, Boulevard Saint-Michel

NEUCHATEL
7, Place A.-M. Piaget

1930

Il a été tiré de ce volume
50 exemplaires sur vélin
pur fil Lafuma-Navarre
numérotés de 1 a 50

INTRODUCTION

A la veille de la Révolution, au moment où sont assemblés les États-Généraux, la France avait, sur trois de ses faces, résolu, ou peu s'en faut, le problème de ses limites. La souveraineté française manque à s'appliquer à Avignon et au Comtat. Nice et la Savoie sont encore à réunir. Mais, de ce côté, la barrière est déjà assez solide, sauf sur le Var. Au Nord et au Nord-Est, malgré les acquisitions de Louis XIV dans les Flandres, celles de l'Alsace, de la Franche-Comté et de la Lorraine, elle est, dans la majeure partie de son étendue, demeurée vulnérable, laissant à découvert Paris, « vrai cœur du royaume et abrégé de la France ». Les vallées convergentes de trois grandes rivières, Oise, Marne et Seine, accessibles par les trouées de Chimay — à 200 kilomètres, — de Dun-Stenay, et de Montmédy-Verdun, enfin la trouée de Belfort, offrent aux invasions des avenues propices et conduisent au but en quelques journées de marche. L'art de Vauban s'était ingénié à y mettre obstacle. Mais ce grand homme de Guerre et d'État savait bien que pour être vraiment protectrice notre organisation défensive devait être sur le Rhin : « tout ce qui est de ce côté, disait-il, nous convient; rien de ce qui est au delà ». Le moins mégalomane des bons Français, et le plus sensible aux misères des petites gens, il professe l'opinion du sage Turenne qu'il faut prendre juste ce qu'il est possible de conserver. Toutefois, au premier rang des accroissements légitimes et nécessaires, il énumère la ligne d'Ypres à Courtrai, Mons et Luxembourg « qu'il faut disputer jusqu'à l'extrémité ». Se priver de ces places « ce serait fournir aux ennemis le couteau qui nous couperait la gorge » et « Strasbourg ne se peut pas plus restituer que le faubourg Saint-Germain ». Surtout, il suppliait son Roi « de se borner par le grand fleuve ».

Cette volonté tenace de la France d'atteindre à ses frontières naturelles, la Révolution, ayant, tour à tour, pour interprètes le Comité de Salut Public, le Directoire et Bonaparte, ne pouvait pas plus la méconnaître que Louis XI ou Henri II. La coalition de 1792, nouée dès l'année précédente qui menaçait le royaume dans son indépendance et qui se proposait pour fin, ainsi qu'en 1710, son démembrement; le sol de la Patrie, une fois de plus violé par l'Étranger qui ne cachait pas plus ses convoitises que ses espoirs de les satisfaire enfin; ces événements fortifièrent et rendirent unanime une résolution différée, tout au plus assoupie, pendant les ministères de Vergennes et de Montmorin, sous l'empire des difficultés financières, mais jamais, quoiqu'on en ait dit, abandonnée ou répudiée, sauf par un petit nombre.

Les traités de Bâle et de Lunéville conclus avec la Prusse et l'Autriche, celui d'Amiens qui scellait avec la Grande-Bretagne une paix qui fut accueillie à Londres par des transports d'enthousiasme, nous avaient donné toute la rive gauche du Rhin, de Bâle à ses embouchures. Lorsqu'en 1813, les rois alliés voulurent, pour la diviser et la vaincre plus aisément, détacher la France de l'incomparable capitaine dont elle avait accepté la dictature impériale pour qu'il lui conservât tout ensemble l'égalité civile et les territoires conquis par la République, ils cherchèrent à lui donner l'illusion qu'elle garderait cette frontière traditionnelle et sacrée. Dès l'hiver de 1812, leurs agents à Paris et dans tout l'Empire en donnent l'assurance répétée. Ils l'affirment eux-mêmes solennellement dans les *Notifications de Francfort*, tant ils savent que le peuple persévérera dans la guerre, tout las qu'il en est, s'il aperçoit qu'on veut lui enlever ses défenses essentielles.

Ils ne se trompaient pas sur ce sentiment; mais, victorieux et de mauvaise foi, ils en méconnurent l'étendue, la profondeur et la force vive. Ils ne se firent pas scrupule de manquer à leurs engagements. La France fut refoulée, presque sur tous les points, dans ses anciennes limites.

Un ministre de Louis XVIII, le marquis de Jeaucourt, chargé des Affaires Étrangères pendant l'absence de Talleyrand, l'avait écrit à celui-ci : « la ligne du Rhin, la Belgique, la seule place de Luxembourg ferait bondir les recrues ». Elles accoururent à l'appel de Napoléon, échappé de l'Ile d'Elbe. Mais la fortune ne seconda pas, à Waterloo, ce suprême et sublime effort.

Les actes diplomatiques qui sortirent des délibérations du congrès de Vienne avaient été conçus contre l'indépendance de la France et en vue d'amoindrir sa puissance aussi bien défensive qu'offensive. Le contester est un jeu de sophistique.

Tandis que tous les grands États s'étaient accrus, depuis soixante-quinze ans, seule elle était replacée dans la situation où elle se trouvait avant la longue guerre qu'elle venait, sans presqu'un instant de répit, pendant un quart de siècle, de soutenir pour la sauvegarde de sa liberté et de sa sûreté. A l'extension de territoire, de population et de force, parfois considérable, réalisée par l'Autriche, la Prusse et la Russie sur le continent, à celle qu'obtenait la Grande-Bretagne dans le domaine colonial et sur les mers, la conservation de nos frontières naturelles aurait été une équitable compensation. En nous les maintenant, on eût donné à l'Europe la paix et le repos dans une organisation stable. Parmi les fêtes et les plaisirs, d'absurdes vainqueurs, affolés de peur ou aveuglément rapaces, aimèrent mieux s'acharner contre la France et l'Italie, spoliant l'une et s'efforçant de la garotter, mettant l'autre en lambeaux et, de nouveau, sous le joug autrichien, lui interdisant la patrie.

* * *

Profonde et amère avait été la douleur du patriotisme. L'instinct national se refusait à admettre comme définitif un état de l'Europe établi contre la France, un ordre politique qui consacrait et aggravait les funestes changements apportés dans le cours du XVIIIe siècle à l'équilibre international par le partage de la Pologne, par le démembrement de la Turquie, par la perte de nos colonies. Sans doute l'œuvre de la Révolution et de l'Empire avait été précipitée et excessive, faussée par Napoléon sous l'empire de la préoccupation dynastique; mais elle n'était dans beaucoup de ses parties que l'accomplissement de dix siècles d'histoire. Y renoncer à jamais ce n'était pas se défaire d'un luxe superflu, c'était mutiler le passé de la France.

Le peuple était surtout sensible à la poésie

de notre désastre. La grandeur de sa lutte inégale contre l'Europe entière; l'héroïsme de nos vétérans et de nos conscrits; la légendaire figure de l'Empereur, continuateur et organisateur de la Révolution, exaltaient les imaginations : la gloire acquise les consolait presque de la puissance momentanément perdue. Les esprits réfléchis mesuraient les conséquences politiques de notre défaite : ils comprenaient que notre idéal national avait succombé; ils voyaient Paris replacé à dix journées de marche des armées prussiennes, établies sur le Rhin pour nous surveiller et nous assaillir.

Plus d'un royaliste fervent, sauf parmi les Ultras, s'associait à ces pensées. La barrière du Rhin, conquête de la Révolution, n'avait-elle pas été une aspiration de l'Ancien Régime? La perte en semblait dure à beaucoup qui, se réjouissant du trône rétabli, s'affligeaient de la France réduite, de même qu'émigrés ils avaient été fiers, souvent, des victoires républicaines. Parce qu'ils avaient subi, — et quelques-uns l'avaient cruellement ressentie, — l'humiliation du concours de l'Étranger dans l'œuvre de la restauration royale, leur orgueil de Français était particulièrement sensible. On leur reprochait trop d'être les obligés et les protégés de l'Europe hostile pour qu'ils ne fussent pas tentés, aussi bien par sincère patriotisme que par habileté politique, d'affirmer leur indépendance. La monarchie recouvrant la frontière de 1801, obtenue par la République, quelle réponse décisive à ceux qui les accusaient d'être revenus dans les fourgons de l'ennemi, à la suite de l'invasion favorisée par les agents de Monsieur et du Comte d'Artois!

On peut admettre que dans son ensemble la politique extérieure de la Restauration a été guidée par cette pensée commune à l'ancienne Monarchie et à la Révolution : la recherche des frontières naturelles. Si cette vérité a été méconnue, c'est que le prestige de Talleyrand a rejeté dans l'ombre ses successeurs. Ainsi s'est formée la légende d'une Restauration satisfaite des traités de Vienne, qui assurent la prospérité de la France par la limitation de sa grandeur, approuvant l'Autriche conservatrice, redoutant la Prusse ambitieuse, attentive à maintenir l'ordre établi, à prévenir tout changement qui risquerait d'affaiblir notre puissance relative et préparerait l'unité allemande.

*
* *

Pour accréditer cette fable et la propager, les polémistes des partis extrêmes, depuis plus de cent ans ont, parfois en usurpant le nom d'historiens, rivalisé d'ardeur, de mauvaise foi, d'ingéniosité et, souvent, de talent. Les neutres, selon le goût du jour et leurs petits calculs, académiques ou mercantiles, se sont portés à la rescousse de ceux-ci ou de ceux-là, qui avaient du moins l'excuse de la passion, de l'emportement et de la conviction.

De 1815 à 1830, l'opposition a fait grief au gouvernement royal de s'être résigné à l'équilibre européen tel que l'avaient monté contre nous des jalousies et des haines séculaires. Le grand reproche dont l'accablent les pamphlets libéraux, c'est de sacrifier la France à l'égoïsme dynastique, de n'être pas national, mais européen. Plutôt que de résister à la Sainte-Alliance ne l'a-t-il pas favorisée de tout son vouloir et ne s'est-il pas appuyé sur elle ignomineusement? Lui-même ne s'est-il pas fait gloire de cette politique? « Au travers des changements de ministères qui se sont succédé depuis la Restauration, la politique extérieure a pu conserver une tendance uniforme et une action toujours dirigée vers un même but de conservation et de paix. Jaloux d'effacer d'anciens ressentiments, le gouvernement de Sa Majesté ne s'est occupé depuis cette époque que de veiller aux intérêts généraux de la grande Association européenne... Il a écarté avec empressement toute occasion de troubles ou d'accroissements ». Ainsi parle le prince de Polignac [1].

Est-il donc vrai? Sans y regarder de plus près, on l'a cru, de part et d'autre. Alors comment disculper la Restauration mise au pilori par les écrivains de gauche, se sont demandé les écrivains de droite? Oh! le plus simplement du monde : il n'est que de justifier l'œuvre de 1815. Inversons le point de vue et le langage; substituons l'apologie au dénigrement : les traités de Vienne étaient fondés sur « des principes de conservation auxquels la France pour son bien n'eût jamais dû toucher » [2]. Et les guerres de 1866 et de 1870 servent à la démonstration. Eh! bien non. Il faut que les uns et les autres, qui, dans une époque douloureuse de notre Histoire, moins que connue, travestie à plaisir, cherchent des arguments contradictoires pour des thèses politiques en prennent leur parti : les hommes de la Restauration n'ont mérité ni cet excès d'honneur ni cette indignité. Ils n'ont pas connu la tare de l'acceptation et du défaitisme; ils n'ont pas eu, non plus, la sagesse et la gloire, — et en les leur prêtant on les défend mal, — d'avoir souscrit, comme à un ordre de choses définitif, à un pacte qui, fondant la paix sur l'asservissement des petits États et sur la prépondérance

1. Circulaire aux Agents diplomatiques, 7 avril 1830.
2. Bainville : *Histoire de deux Peuples*, p. 225-26.

et l'omnipotence des grandes Puissances, allait à l'encontre de toute notre tradition.

La vérité est bien différente. Chateaubriand la constate dans les *Mémoires d'Outre-Tombe* : « la Restauration, aussitôt qu'elle choisit ses Ministres parmi ses amis, ne cessa de s'occuper de l'indépendance et de l'honneur de la France. Elle s'éleva contre les traités de Vienne; elle réclama des frontières protectrices, non pour la gloriole de s'étendre jusqu'aux bords du Rhin, mais pour chercher sa sûreté. Elle a ri, lorsqu'on lui parlait de l'équilibre de l'Europe, équilibre si injustement rompu envers elle ».

Il ne s'agit pas là d'une opinion, mais d'un fait. Après Talleyrand, tous les Ministres des Affaires Étrangères, jusqu'en 1830, prirent le contre-pied des principes qu'il avait adoptés. On les vit, dans la politique générale, s'opposer à la Grande-Bretagne et à l'Autriche et chercher, avec prudence mais continuité, l'alliance de la Russie; dans la politique allemande, s'attacher, en regagnant l'amitié prussienne, à préparer les voies pour la réunion des provinces rhénanes, dût la recherche de cette amitié les amener à se relâcher de leur opposition aux progrès de l'unité allemande. « Depuis la retraite de Talleyrand, écrit Viel-Castel, une alliance étroite avec le Cabinet de Saint-Pétersbourg fut le but vers lequel tendirent tous les Ministres des Affaires Étrangères de France, à quelque nuance qu'ils appartiennent. »

Cette politique, plus ou moins apparente selon les circonstances, ne varie ni en son principe ni en son objet : le recueillement de Richelieu a rendu possible l'énergie agissante de Chateaubriand; et les chimères où s'égarent en 1829 Polignac, le Conseil des Ministres et le Roi ne sont que l'extravagance de la même idée. La différence entre Libéraux et Royalistes réside non dans le but, mais dans les moyens. Tous veulent également anéantir l'œuvre de 1815; mais les premiers comptent sur la vertu des principes révolutionnaires, sur la révolte des peuples contre l'oppression; les seconds, amis de la légitimité et inquiets de toute agitation populaire, attendent les modifications internationales de tractations entre les gouvernements. A l'opinion passionnée à laquelle les uns en appellent, les autres préfèrent la sagesse des Cabinets. Mais qu'on aborde le terrain des nationalités, qu'on se maintienne sur celui des convenances, le résultat sera, au fond, de bouleverser l'ordre établi. L'étude des sources diplomatiques ne permet pas le moindre doute.

LA POLITIQUE EXTÉRIEURE DE LA RESTAURATION ET L'ALLEMAGNE

L'ERREUR DE TALLEYRAND

La mode est de louer en Talleyrand le diplomate imbu de la tradition. Jamais éloge ne fut donné plus à l'apparence. Certes le négociateur du Congrès de Vienne prétendait renouer la chaîne brisée du passé et ressaisir la pensée de modération qui avait inspiré Vergennes. Car ce sceptique qui semblait chercher partout seulement des satisfactions d'amour-propre ou de cupidité et qui décorait du nom de réalisme sa facile acceptation de tous les événements, gardait cependant un principe; il l'avait formulé, en 1792, au cours de la mission que Danton lui avait obtenue pour Londres : « La France doit rester circonscrite à ses propres limites ». Mais, pour justifier cette attitude il se réclamait à tort du ministre de Louis XVI. D'une politique, assez sage en son temps, adaptée aux conditions d'une France affaiblie et obligée de se recueillir, il ne pénétrait pas le vrai caractère, à moins qu'il ne le faussât délibérément. Il la jugeait permanente et absolue alors qu'elle était provisoire et relative. Homme du XVIIIe siècle, c'est-à-dire Européen plus que Français, il regrettait la douceur de vivre des jours disparus et maudissait l'âpreté de l'heure présente.

Talleyrand admettait que la France de 1789 eût atteint son apogée et n'eût rien à désirer au delà des limites où elle était parvenue. La Révolution était dans son fond une aspiration et un effort : c'était assez pour qu'il s'en détournât. Le puissant courant national qui entraîne alors les esprits lui paraît un dérèglement parce qu'il n'en aperçoit pas la source. Il ne comprit pas que la politique républicaine et impériale rejoignait, par delà tous ajournements et atermoiements, la vraie, la grande tradition française, celle des frontières naturelles. Quand Danton s'écrie que « les limites de la France ont été marquées par la nature », et que « nous les atteindrons à l'Océan aux bords du Rhin, aux Alpes et aux Pyrénées » il ne fait que répéter Richelieu qui entend « rendre à la Gaule les frontières que lui a destinées la nature, rendre aux Gaulois un roi gaulois, confondre la Gaule avec la France et partout où fut l'ancienne Gaule y établir la France ». Et, de même, le langage de Foch, en 1919, est celui de Dumouriez mandant, en 1793, à Custine que nous ne serons certains de la paix que maîtres du fleuve. Pour l'un et l'autre aussi bien que pour Vauban notre garantie est dans cette vérité stratégique.

Ministre du Directoire et de Napoléon, dont tout l'effort fut consacré à imposer à l'Europe la reconnaissance des limites désirées par la Monarchie et conquises par la République, le prince de Bénévent n'avait jamais adhéré profondément à la politique que son ambition lui avait fait soutenir. En 1814, il se trouva tout prêt à accepter et à tenir pour définitive la victoire de l'Europe, que ses intrigues avaient grandement facilitée. Les conditions imposées par les Alliés lui paraissaient justes et raisonnables. Contrairement à l'évidence il osait le prétendre : « Il est vrai de dire, écrivait-il dans un rapport à Louis XVIII, il est vrai de dire que toutes les acquisitions faites dans ces derniers temps par les autres États n'ont pas entièrement compensé ce que la France avait acquis sous le règne de Louis le Grand ».

*
* *

Désigné pour représenter son pays au Congrès de Vienne, Talleyrand, en se conformant à ses principes, y joua un rôle néfaste. S'il est vrai qu'à de rares époques de l'histoire s'ouvrent devant les peuples des routes différentes, entre lesquelles ils peuvent choisir, cette date fut décisive. La voie où Talleyrand engagea la France conduisait inévitablement à de nouveaux heurts sanglants.

Aujourd'hui encore, après la grande revanche de la dernière guerre, la fatalité des fautes commises, voici plus d'un siècle, par cet homme qui eut de l'esprit, du savoir faire, du tour de main, parfois du génie, mais à qui manqua la foi et l'ardeur, la fatalité de ses fautes pèse sur nous, et c'est à en conjurer les conséquences qu'ont tendu nos efforts récents, et point toujours éclairés ni adroits. Ses démarches pour nous faire rentrer, à notre place, dans le concert européen sont d'un maître en diplomatie; celles qui les suivirent le condamnent à jamais en tant qu'homme d'État.

Sans doute ne pouvait-il être question, en 1815, d'aller ouvertement à l'encontre de la volonté formelle de l'Europe victorieuse : s'incliner était une nécessité. Mais il fallait ménager l'avenir; prévoir quelles combinaisons de politique générale pouvaient nous permettre, l'orage passé, de reprendre l'œuvre que nous étions momentanément contraints d'abandonner. La France devait se borner à considérer attentivement la suite des événements et à tâcher d'affaiblir par sa circonspection la haine et la jalousie qui enfiévraient contre elle les Coalisés de 1815, ainsi qu'un siècle plus tôt ceux de 1709. Pour rompre leur accord, point n'était de conduite meilleure que l'abstention volontaire, jusqu'au moment où surgirait l'occasion de ressaisir ce qui nous avait été arraché. Précisément parce qu'il tenait pour définitif l'abandon de nos conquêtes consigné dans le traité de Paris, Talleyrand ne sentait pas ce besoin de recueillement en vue d'une action future. Dans cette Europe, dont il acceptait, sans arrière pensée, l'organisation, il avait hâte de reprendre influence. Il entendait, non pas se réserver en vue de détruire l'équilibre nouveau, mais le consolider en y jouant un rôle. Il se flatta, bien vite, d'avoir atteint son but. Le 25 janvier 1815, il écrivait à Louis XVIII : « Maintenant la coalition est dissoute; la France n'a plus besoin de compter sur des secours étrangers et c'est d'elle, au contraire, que les autres Puissances en attendent ».

On sait comment Talleyrand prétendait justifier cette orgueilleuse satisfaction. Il avait, le 3 janvier 1815, signé, en secret, avec l'Autriche et la Grande-Bretagne, un pacte d'alliance défensive destiné à arrêter les ambitions de la Russie qui livrait la Saxe à la Prusse pour garder elle-même le Grand Duché de Varsovie. Il y voyait un chef-d'œuvre diplomatique. A l'alliance générale, que le traité de Chaumont avait naguère formée contre notre pays, il avait substitué deux alliances partielles et antagonistes : la France cessait d'être l'objet de la commune animosité des Puissances;

elle sortait de son isolement pour entrer dans le concert européen.

Conduite qui paraît, à première vue, infiniment habile. Connaissant l'inquiétude que la grandeur russe inspire à Vienne et à Londres, Talleyrand a su, par cette crainte nouvelle, vaincre les ressentiments passionnés qui séparaient de nous la Grande-Bretagne et l'Autriche. Toutes deux, reprenant à notre égard, une séculaire tradition d'hostilité, ininterrompue pour l'une, dissimulée plutôt que répudiée par l'autre, nous avaient, depuis près de vingt-cinq ans, inlassablement combattus : elles avaient fomenté sans relâche les coalitions contre nous jusqu'à notre défaite, et voici que maintenant, rassurées sur nos dispositions, elles acceptaient notre appui pour résister à l'ambition d'Alexandre. Quel triomphe pour le diplomate qui avait su, à Londres et à Vienne, surmonter ces préjugés puissants, à la fois si anciens et si récemment ravivés!

*
* *

Cette politique a, parfois, été blâmée assez légèrement. Nous ne retiendrons pas l'accusation de vénalité portée contre Talleyrand. Il est fort possible qu'il ait reçu le pot de vin — quatre millions — dont parle Chateaubriand dans les *Mémoires d'Outre-Tombe* : cela ne touche pas à la valeur de la négociation. Personne n'a jamais donné l'ancien évêque d'Autun pour un homme intègre. La question est de savoir si l'intérêt du Pays et le sien ont concordé en l'espèce : Mazarin a bien servi l'État tout en s'enrichissant sans scrupule ni vergogne.

On peut, sur la foi de sa correspondance avec

Louis XVIII, adresser à Talleyrand un autre reproche, celui d'avoir songé à la dynastie et d'avoir favorisé les vues de la Cour de Vienne en Allemagne seulement pour obtenir d'elle la restauration des Bourbons dans le royaume des Deux-Siciles. Des dépêches, évidemment destinées à flatter le Roi, décèlent la pensée de celui-ci plus qu'elles ne constatent la conviction du ministre; mais qu'importe cette distinction, la vérité est qu'il s'est conformé au vœu du souverain et que, pour atteindre un résultat particulier, il a fait de la France le champion du principe de légitimité. Y a-t-elle gagné?

Non, a répondu l'abbé de Pradt : le désintéressement affiché par Talleyrand nous fit dupes. Si la France, au lieu de se ranger aux côtés de l'Autriche et de la Grande-Bretagne s'était jointe à la Prusse et à la Russie, que n'en eût-elle pas obtenu sur la rive gauche du Rhin? Naïve imagination, a justement répliqué Sorel, et qui méconnaît étrangement la situation politique d'alors. Que la France eût seulement paru songer à recouvrer la moindre partie des territoires perdus, elle aurait aussitôt vu disparaître toute division entre les vainqueurs et réformé contre elle la coalition. La critique n'est donc pas fondée; il en est d'autres qui sont plus pertinentes.

Talleyrand voulait persuader — et beaucoup l'en croient encore — qu'il avait manœuvré ses partenaires et fait servir leurs craintes à notre avantage. Mais Metternich se flattait tout autant de l'avoir joué, et il semble bien que, cette fois, sa fatuité ne l'ait pas abusé. En souscrivant à la convention du 3 janvier 1815, si compromettante pour le cabinet des Tuileries, la Cour de Vienne s'était, sans rien donner en échange, assuré une garantie contre le danger qu'elle ne devait pas, un seul jour, pendant la Restauration, cesser de redouter et de vouloir prévenir, celui d'une intimité franco-russe. Le Chancelier impérial n'a eu pour fin que de se mettre entre les mains un document dont la divulgation éventuelle devait à jamais, il se plaisait à le penser, détourner de l'alliance française l'Empereur Alexandre.

Quand même la conduite de Metternich n'eût pas été machiavélique à ce point, celle de Talleyrand n'en reposait pas moins sur un postulat inexact. Le calcul qui le poussait vers l'Autriche et la Grande-Bretagne était que ces deux Puissances en nous admettant sincèrement dans leur système, nous donneraient contre la menace allemande, dont il sentait la gravité, une protection que nous ne trouvions plus dans la possession du Rhin. Que vaut cette hypothèse?

*
* *

La jalousie des cabinets de Londres et de Vienne avait devancé nos agrandissements. Il ne suffisait pas, pour qu'elle prît fin, que ceux-ci eussent disparu. L'événement l'a prouvé : pendant toute la Restauration, ces Puissances n'ont pas cessé d'envier et de contre-carrer la France, comme elles l'avaient, au XVIIIe siècle, contrecarrée et enviée, l'une ouvertement, l'autre sous le masque de l'alliance.

On peut, il est vrai, soutenir que Talleyrand avait dans l'esprit plus d'avenir que ses partenaires; que, sans se faire illusion sur la valeur immédiate du traité, il sentait, en le concluant, qu'il déterminait, pour ainsi dire, l'orientation de la politique européenne : une France, fermement résolue à se renfermer dans les limites territoriales qui lui étaient assignées, ne pouvait, à la longue, manquer d'apparaître à l'Autriche et à la Grande-Bretagne comme un appui nécessaire contre les ambitions russes et prussiennes. Talleyrand reprenait, en l'élargissant et en la rectifiant, la grande pensée qu'avait conçue la monarchie déclinante; il revenait au système autrichien, non plus faussé, ainsi qu'au temps de Bernis et de Choiseul, par la rivalité franco-anglaise, mais renouvelé et transformé. Cette triple entente allait constituer cette ligue des Puissances conservatrices dont le défaut nous avait été si funeste pendant les règnes de Louis XV et de Louis XVI. Désormais le barrage était élevé, qui arrêterait les envahissements des Puissances spoliatrices et grâce auquel une ère de paix et de stabilité s'ouvrirait enfin pour l'Europe épuisée de guerre.

Contre ce système une objection se présente d'abord : l'Autriche et la Grande-Bretagne, nanties toutes deux, l'une sur le continent, l'autre aux colonies, avaient beau jeu à conseiller le renoncement. Semblable attitude ne convenait guère à la France dépouillée. Elle lui convenait d'autant moins que, détournées de l'Allemagne, les ambitions autrichiennes demeuraient inassouvies en Italie et en Orient. Si grands qu'eussent été ses succès la Cour de Vienne ne s'en tenait pas satisfaite. Metternich, il est vrai, proclame le contraire; il affecte de regarder comme intangible l'ordre établi par les traités récents. Mais ce détachement est trop visiblement un moyen d'interdire à autrui ce qu'on se permet à soi-même. Que les Grecs veuillent se séparer de l'Empire Ottoman, le respect de la légitimité défendra aux Russes de les secourir; qu'une révolution éclate à Naples ou à Turin, ce même respect exigera l'intervention des troupes autrichiennes. Avec une Puissance qui, au nom d'une retenue feinte, prétendait à la fois nous interdire toute immixtion en Allemagne et se réserver pleine liberté d'action dans la Péninsule, conservatrice en tout ce qui nous concernait, pour elle-même envahissante, une alliance pouvait-elle être autre chose qu'une sottise?

Plus avantageuse en apparence, l'alliance britannique ne l'était pas, alors, davantage en réalité. Certes, le cabinet de Saint-James, content d'avoir brisé l'hégémonie française sur le continent n'aspirait qu'à y maintenir un état d'équilibre qui le rendait arbitre. Il nous avait protégés contre les rapacités prussiennes et les ignominies bavaroises; il ne demandait — cinquante ans trop tard — qu'à s'entendre avec nous pour le maintien du *statu quo* territorial. Mais s'il tenait à celui-ci, c'était afin de pouvoir développer plus librement son expansion et son commerce d'outre-mer. Il se préparait à soutenir l'insurrection des colonies espagnoles et portugaises contre leurs métropoles, sûr de profiter de cette émancipation. Déjà sévit son impérialisme économique et maritime. Par dessus tout il redoutait dans ce domaine notre esprit d'entreprise et nos méthodes dont il reconnaissait l'excellence, appliquant ici les procédés mêmes de Dupleix et, là, ayant à gouverner ce peuple franco-canadien qui s'était formé, vigoureux, prolifique et fidèle, sur les rives du Saint-Laurent. La paix d'Amiens avait été rompue par lui dès qu'il avait cru discerner dans les actes du Premier Consul la volonté d'user de la paix pour ramener la France vers les agrandissements coloniaux. De l'empire, décousu mais grandiose, que celle-ci s'était, du XVIe au XVIIIe siècle, façonné en Asie et en Amérique septentrionale, sur la côte occidentale d'Afrique et dans la mer des Caraïbes, à peine les deux traités de Paris, — celui de 1814 confirmant celui de 1763 —nous avaient-ils laissé quelques débris, dispersés et misérables. Il ne fallait pas que désormais nous prétendissions au delà. Et pour annihiler toute compétition de notre part sur les océans et les terres lointaines le mieux n'était-il pas que notre sécurité en Europe demeurât constamment menacée? Ainsi, à Londres autant qu'à Vienne, la paix ne semblait « qu'un moyen plus doux » de s'accroître.

*
* *

L'État des Hohenzollern a été, dès ses premiers jours, et il demeurait, après l'amalgame de la Prusse et du Brandebourg et les annexions polonaises, de construction singulière, fait de pièces et de morceaux qui gisaient, isolés, jusqu'au Rhin d'une part, et, de l'autre, jusqu'au Niémen. Tout l'effort de cette Maison avait persévéramment tendu à grouper ces fragments et à les souder solidement. Les plénipotentiaires prussiens étaient arrivés à Vienne décidés à ne pas laisser le Congrès se séparer sans avoir comblé ce vœu : il n'y fallait que faire passer sous l'autorité de Berlin la Saxe ou le grand Duché de Varsovie. La Russie désireuse de porter sa frontière occidentale jusqu'à la Vistule se prononçait pour la première solution. A celle-ci l'Autriche était contraire et elle avait persuadé la Grande-Bretagne de se ranger à cette opinion. Les Coalisés unis, non sans peine, pour abattre la France et ses alliés, se divisaient, l'heure venue de la curée. Déjà ils en étaient aux menaces, aux armements, aux occupations de territoires. C'est alors que Metternich avait proposé de donner satisfaction à Alexandre, mais en indemnisant Frédéric-Guillaume en Rhénanie.

Que l'incorporation de la Saxe à la Prusse, qui mettait à sa frontière une rivale exécrée, ait paru à la Cour de Vienne redoutable pour sa prépondérance en Allemagne et pour sa sûreté, qui s'en étonnerait? Il reste néanmoins que, soucieuse de s'épargner ce danger, elle obéissait, dans la recherche des moyens qui l'en protégeraient, à cette hostilité foncière — étrange composé d'égoïsme, de morgue, de suffisance, de convoitise, de ressentiments et de dépit — qui, dans l'alliance même de 1756, l'avait portée à faire litière de tous nos intérêts. Selon Metternich, « la translation du roi de Saxe sur le Rhin affaiblirait le système de défense combiné entre les monarchies d'Autriche,de Prusse et d'Allemagne, le roi devant se trouver entièrement subordonné à l'étranger ». La même inquiétude agitait les Anglais : « Il serait probablement, écrivait lord Liverpool, la créature de la France et disposé, par suite, à seconder les vues de celle-ci sur les Pays-Bas plutôt qu'à y résister ». Plus précisément Castelreagh découvre leur pensée : « M. Pitt, mandait-il, le 1er octobre 1815, à Wellington, était tout à fait dans le vrai quand, en 1805, il voulait donner à la Prusse plus de territoire sur la rive gauche du Rhin et la mettre ainsi davantage en contact militaire avec la France ». La Cour de Berlin ne se laissa pas convaincre sans avoir emporté, de surcroît, les deux cinquièmes de la Saxe, des terres polonaises, Dantzig, la Poméranie suédoise, la plus grande partie de la Westphalie.

Avoir mis obstacle à l'ambition prussienne,

tel était le but que Talleyrand se targuait d'avoir atteint. « La Prusse, écrit, le 18 février, Caraman, notre ministre à Berlin, acquiert une grande étendue de terrain, mais dénuée de force réelle. Les Saxons, les Polonais et les habitants de la rive gauche du Rhin seront toujours à surveiller. L'étendue des États prussiens et la difficulté de communiquer d'une partie à l'autre obligera à une permanence de moyens militaires qui fera une charge très lourde pour un pays peu productif ». Admirable pensée où se complait un fade optimisme : « On cherche et on ne trouve pas dans le nouvel ordre de choses le caractère de stabilité d'une puissance *finie.* » Justement là est le péril.

Cette Prusse inachevée et qui s'évertue à devenir parfaite, le Cabinet des Tuileries ne voit pas qu'en l'augmentant en territoires, en hommes, en ressources de toutes sortes; en la plaçant au regard de la France dans une position offensive, en même temps qu'on la maintient dispersée, sporadique, on lui rend plus impérieuse la nécessité de chercher sa cohésion en rassemblant ses tronçons. On lui donne des motifs et des moyens nouveaux de se vouloir reliée, sans solution de continuité ni interférence, avec ses provinces rhénanes dont elle est, *volens nolens,* augmentée[1]. De la concentration on lui fait, en quelque sorte, une loi organique. On la pousse du côté où elle penche. Elle est plus que jamais orientée vers l'action à main armée, et par ceux-là mêmes, qui redoutent cette action. On l'induit à cette domination de

1. Le prince de Hardenberg en acceptant, au nom du roi de Prusse, la solution du Congrès, déclara que « le Roi ne se chargeait des pays situés sur la rive gauche du Rhin que pour le bien général et serait prêt à y renoncer si on voulait lui donner toute la Saxe ». KLUBER. *Acte des Wiener Congresses.* VII; 96.

l'Allemagne que des instructions fameuses déclarent lui devoir être interdite. Oui. Et cette défense qui l'imposera? La France? Tous les débouchés de ses frontières, affaiblis à dessein, ont été remis à ces mêmes Prussiens; toutes les routes qui mènent à Paris sont ouvertes à l'invasion. L'Autriche? Si sa haine est inextinguible contre les ravisseurs de la Silésie, elle n'a point l'inflexible volonté de les arrêter; et, non moins que la Cour de Berlin, la Cour de Vienne est hostile dans les affaires germaniques à l'influence française qui lui est contraire en Italie. On a amoindri les États moyens qui, incapables de suivre une politique particulière, ont, le plus souvent, dans le passé, cédé à nos tentations. La Saxe est mutilée et enclavée; la Bavière perd les territoires que lui avait donnés Napoléon; l'une ni l'autre ne comptent plus.

Admettre la Prusse, plus forte que jamais, sur la rive gauche du Rhin, quelle faute inexpiable à ceux qui l'ont commise. Metternich en a été l'auteur principal et, plus que la France, l'Autriche-Hongrie l'a chèrement payée : elle en est morte.

LE SYSTÈME DE METTERNICH

Deux fois le Tzar était entré victorieux dans la capitale de la France. Le grand homme, dont l'amitié l'avait naguère rendu si fier, dont l'attention et la faveur le comblaient de joie à Tilsitt et à Erfurt, ce vainqueur d'Austerlitz et de Friedland, dont les drapeaux avaient, un instant, claqué au vent, sur le Kremlin, il était renversé maintenant, vaincu par sa conquête, par la nature et par la trahison. Ce prodigieux génie, avec lequel il avait médité le partage du monde, il croyait, de bonne foi, qu'à lui, pour la plus grande part, on en devait la défaite. De concert avec les Anglais, il avait été l'arbitre de l'Europe; il avait replacé sur leurs trônes tous les rois qui, pendant le cours de vingt-cinq années, en avaient été dépossédés. Il avait donné à l'Allemagne une forme qu'il jugeait améliorée. Ce triomphe avait ébloui son âme, cependant exempte d'outrecuidance mais prompte à l'exaltation. Une femme mystique et passionnée, Mme de Krudner l'exhortait : n'est-il pas l'autocrate providentiel chargé d'exécuter ici-bas les arrêts divins? Et ceux-ci ne sont point obscurs. Ils prescrivent le repos des peuples sous l'absolutisme dynastique, par l'obéissance sans discussion, rémission ni délai, dans le cadre des États tels qu'ils sont sortis de la réunion solennelle où venaient d'être arrêtés leur configuration et leur statut. D'où la nécessité d'organiser les monarchies européennes dans une forme fédérative et chrétienne.

La déclaration de cette politique nouvelle, rédigée à Paris par Alexandre, fut revue par son Egérie du moment : « Je désire, lui avait-il dit, que l'Empereur François et le Roi Frédéric-Guillaume s'unissent à moi dans cet acte d'adoration, afin que l'on nous voie, comme les Mages d'Orient, reconnaître la suprême autorité du Sauveur. Vous vous joindrez à moi pour demander par vos prières que mes Alliés soient disposés à la signer ». Ils ne s'y refusèrent point. Après un préambule où était invoqué, ainsi qu'il avait été fait autrefois par Frédéric, Catherine et Marie-Thérèse, en tête du traité pour le premier partage de la Pologne, « la très sainte et indivisible Trinité », les trois Souverains « ayant acquis la conviction intime qu'il est nécessaire *d'asseoir la marche* (*sic*) à adopter par les Puissances *sur les vérités sublimes* que nous enseigne l'éternelle religion de Jésus-Christ » proclamaient « à la face de l'Univers leur détermination inébranlable de ne prendre pour règle de leur conduite que les préceptes de cette religion sainte, préceptes de justice, de charité et de paix ». En conséquence Leurs Majestés ont convenu des articles suivants :

« Article premier. — Conformément aux paroles des Saintes Écritures, qui ordonnent à tous les hommes de se regarder comme frères, les trois monarques demeureront unis par les liens d'une fraternité véritable et indissoluble, et, se considérant comme compatriotes, se prêteront, en toute occasion et en tout lieu, assistance, aide et secours.

« Art. 2. — Le seul principe en vigueur, soit entre lesdits gouvernements, soit entre leurs sujets, sera celui de se rendre réciproquement service; de se témoigner par une bienveillance inaltérable, l'affection mutuelle dont ils doivent être animés; de ne se considérer tous que comme membres d'une même nation chrétienne. Les trois Princes alliés ne s'envisageant eux-mêmes que comme délégués de la Providence pour gouverner trois branches d'une même famille, confessent que la nation chrétienne, dont eux et leurs peuples font partie, n'a réellement d'autre Souverain que Celui à qui seul appartient en propriété la puissance, parce qu'en lui seul se trouvent tous les trésors de l'amour, de la science et de la sagesse infinis, c'est-à-dire à Dieu, notre divin Sauveur Jésus-Christ, le Verbe du Très Haut, la parole de vie ».

Malgré qu'il en eût l'aspect extérieur par la disposition en articles numérotés, ce pacte, signé, le 26 septembre 1815, n'était rien moins qu'une convention exécutoire. Il n'était guère qu'une homélie vide et sonore, sans obligation ni sanctions, dont Castelreagh faisait risée et qu'il déclarait ne pouvoir jamais être proposé à l'approbation d'un Parlement britannique. Le 19 novembre, Louis XVIII avait été admis à y adhérer. Les États secondaires vinrent à leur tour. Pour brider les nations frémissantes était-ce assez qu'un manifeste? De ces abstractions Metternich fit sortir un système, « son système ».

*
* *

Pendant leur marche sur Paris, les Coalisés avaient, à Chaumont, le 10 mars 1814, pris des engagements qui les obligeaient à « maintenir contre toute atteinte l'ordre de choses qui aura été l'heureux résultat de leurs efforts... ». Notamment si la France attaque l'un d'eux, les autres interviendront diplomatiquement, d'abord, puis chacun par un corps de 60.000 hommes. Voilà qui est précis et substantiel. Conclu pour vingt ans, ce traité est renouvelable à échéance du terme ou par anticipation. Le Chancelier d'Autriche pense qu'il est expédient d'user de cette dernière faculté et à cette occasion d'y ajouter des dispositions complémentaires. Le 20 novembre 1815, les Hautes Parties contractantes convenaient « de renouveler, à des époques déterminées, des réunions consacrées aux grands intérêts communs et à l'examen des mesures qui, dans chacune de ces époques, seront jugées les plus salutaires pour le repos et la prospérité des peuples et pour le maintien de la paix ». A une résolution aussi concrète qui corroborait le traité de Chaumont, — « mon traité », disait Castelreagh, à l'énergie duquel il était dû, en effet, — ceux de Paris, du 30 mai 1814 et de Vienne, du 30 juin 1815, le Cabinet de Saint-James pouvait souscrire, sans craindre le blâme des Communes. De ces Congrès périodiques à qui allaient être déférés l'examen et la solution de toute affaire d'ordre général il n'estimait pas devoir être absent. Cet acte, que confirmera, le 1er novembre 1818, le protocole d'Aix-la-Chapelle constituait à la politique du *statu quo* et de la compression son pouvoir exécutif et à celui-ci les moyens de s'exercer, à savoir l'intervention et les exécutions militaires.

*
* *

Talleyrand, en unissant le beau-frère de Marie-Antoinette au père de Marie-Louise, se faisait un mérite de soutenir l'œuvre de la légitimité contre « les vues ambitieuses et les idées révolutionnaires dont l'empereur Alexandre était plein et qu'il cherchait à voiler sous le nom spécieux d'idées libérales ». En réalité, il servit surtout les desseins de Metternich, dont la grande habileté fut de couvrir les convoitises cyniques de sa Cour par les dehors plâtrés d'une éthique politique ostentatoire. De la sorte les Habsbourgs avaient toujours procédé. Charles-Quint déjà prétendait diriger contre les Turcs la croisade de l'Europe chrétienne et Philippe II cherchait dans la lutte du Catholicisme contre la Réforme le fondement de son hégémonie mondiale. Le Chancelier de Cour et d'État détestait la France. Son ardeur contre elle se confond avec son ardeur contre la Révolution. Il est impossible de discerner si la règle constante de sa diplomatie a été la haine et la peur de l'une ou la peur et la haine de l'autre. L'animosité autrichienne contre tout ce qui est de France est antérieure à la Révolution. Elle se déverse assiduement sur les ministres, l'administration, la politique. Le pauvre Louis XVI n'a pas même été épargné. Mercy-Argenteau, Kaunitz, Joseph II parlent de lui avec le dernier mépris. A lire les dépêches qu'ils échangent, le gouvernement, sous son règne, serait tombé au dessous du pire. Du moins, le pays, à leur opinion, vaut-il mieux que ceux à qui la direction en est abandonnée.

En Metternich l'hostilité se contraint. Davantage retenue, elle se pare d'une doctrine promulguée. Si le progrès des idées de nationalité et de liberté paraissent devoir être en tous lieux combattues à outrance, nulle part plus qu'en Allemagne il n'est urgent de remédier à cette « gangrène » dont la contagion vient de France. La tâche en est dévolue à l'Autriche et à la Prusse, qui, constituées dès lors par leur grandeur en Puissances européennes et rivales de la France, reçoivent encore d'importants accroissements. Les petits États sont mis en tutelle étroite : la Prusse surveille la Saxe; l'Autriche la Bavière. Unies la Cour de Vienne et celle de Berlin ne rencontrent rien qui puisse leur résister du Rhin à la Vistule. Leur concert intime dans leurs rapports avec la Confédération germanique était la pensée dominante que le Cabinet de Saint-James avait portée au Congrès, la combinaison qu'il regardait comme la plus propre à mettre pour longtemps la France hors d'état de donner aucune inquiétude à l'Angleterre.

Cependant l'Autriche, qui avait obtenu le concours de la Prusse et de la Russie pour écarter de l'Allemagne l'influence française les trouvait contraires à sa prépotence. C'est alors que l'alliance des Bourbons lui fournit une combinaison secondaire pour faire servir à ses intérêts une France résignée d'abord à sa propre déchéance. Les événements de 1815 n'avaient pas permis le développement de cette manœuvre. Aussi bien Metternich n'avait plus besoin d'y recourir. L'impuissance où la France se trouva réduite répondait même davantage à ses désirs. Dédaignant désormais d'exciter le Cabinet des Tuileries contre le libéralisme d'Alexandre, c'est auprès des petits États allemands, c'est à Berlin même qu'il exploitera le spectre rouge. Propices sont les circonstances.

*
* *

Les soldats de la République et de l'Empire avaient, vingt-trois années durant, propagé à travers l'Europe entière les principes de liberté, d'égalité, de souveraineté populaire. Ces idées-forces, toutes puissantes, les Princes les plus conservateurs les avaient, en 1813, appelé à l'aide, quand il s'était agi pour abattre Napoléon de soulever les masses contre nos armées. Gentz en jugeait bien : « cet enthousiasme national, qui avait suspendu, mais non terminé le mouvement révolutionnaire en France, l'avait éveillé dans les autres États ». Les peuples n'avaient pas plus oublié les promesses et les proclamations que les chants héroïques. Toutes les classes s'étaient précipitées au combat. Les professeurs avaient quitté leurs chaires et donné rendez-vous à leurs élèves sur les champs de bataille. Fichte, le disciple stoïcien de Kant, en était. Lutzow organisait ses *Chasseurs noirs;* Rückert composait ses *Sonnets cuirassés.* On savait encore les strophes d'Arndt : *Qu'est-ce que la patrie de l'Allemand?* et on les répétait en chœur ou bien la *Chanson de l'Épée* de Kœrner, composée, au bivouac, quelques heures avant sa mort : « Patrie, tu as ordonné de mourir pour toi : nous t'obéissons. Ceux que nous aimons hériteront de la liberté payée de notre sang. Grandis, liberté allemande, grandis au-dessus de nos cadavres ». On continuait à rappeler dans les Universités le manifeste des Princes : « Peuples, soyez libres, venez à nous! Dieu est à nos côtés et nous affrontons l'enfer et ses alliés! Toute distinction de rang, de naissance, de pays est bannie de nos légions. Nous sommes tous des hommes libres ». Les paroles de Wittgenstein étaient gravées dans les mémoires : « Allemands, nous vous ouvrons les rangs prussiens : vous y trouverez le fils du laboureur à côté du fils du Prince. Toute différence est effacée par ces grandes entités : le roi, la liberté, l'honneur et la patrie ».

Or, l'espoir que partout après la victoire serait inauguré le régime constitutionnel dans une Allemagne, fédérale mais unifiée et impériale, avait été cruellement déçu. Toutes les promesses avaient été protestées. Pour forcer les gouvernements ingrats, à les tenir une agitation commença. Une vaste association, le *Tugenbund* s'était formée, en 1807, contre les Français. Avec la *Burschenschaft*, elle prit la tête du mouvement, se proposant un nouveau but : donner à la patrie allemande, « la Teutonie », ainsi que se plaisent à l'appeler, de son nom ancien, les *Amis de la Vertu*, une constitution unitaire; abolir les privilèges féodaux; établir l'égalité de tous devant la loi et devant l'impôt; obtenir l'admission de tous aux emplois civils et militaires; assurer la liberté individuelle et la liberté de la presse. Cette propagande, partie des Universités, gagnait tous les milieux, du nord au sud, de l'est à l'ouest. Nos agents sont unanimes à constater le divorce de l'opinion et de l'autorité.

La Cour de Berlin, mal satisfaite des avantages que lui ont donnés les traités de 1815 a cru, un moment, qu'elle pourrait faire servir à ses ambitions particulières l'inquiétude des esprits. Elle s'est appuyé sur les passions et les intérêts des novateurs. Grave imprudence! Le pouvoir monarchique qui venait, malgré le génie de Napoléon, d'abattre en France la Révolution, n'allait pas capituler devant les manifestations sporadiques d'étudiants. Les Souverains, de petite et de moyenne taille, ne songèrent qu'à résister. Ceux qui avaient consenti à leurs sujets des constitutions et des assemblées parlementaires, les rois de Bavière et de Wurtemberg, le Grand Duc de Bade retirèrent ces concessions. Déjà blessés par les procédés rigoureux et par l'arrogance de la Prusse, ils n'eurent garde de se rapprocher d'elle, la voyant prête à trahir leur cause pour celle du peuple. Tout autre était l'attitude de l'Autriche.

La monarchie, des Habsbourg, assemblage hétérogène de peuples demeurés ennemis, arlequin de nationalités irréductibles, se serait vite disloquée, si elle eût laissé se propager librement et s'affirmer en actes, non pas chez elle, mais seulement dans son voisinage. la doctrine du droit des nations à disposer d'elles-mêmes. Un prince qui commandait à des Allemands, des Hongrois, des Tchèques, des Serbes, qui venait d'annexer des Italiens et des Polonais et qui ne savait pour les maintenir ensemble que les opposer entre eux, ne pouvait qu'abhorrer les revendications des nationalités. « Mes peuples, disait-il, un jour, à l'ambassadeur de France, sont antipathiques les uns aux autres : tant mieux. Ils ne prennent pas les mêmes maladies en même temps. Je mets des Hongrois en Italie et des Italiens en Hongrie. Chacun garde ses voisins. Ils ne se comprennent pas. Ils se détestent. De leur antipathie naît l'ordre et de leur haine réciproque la paix générale ». En outre, la Cour de Vienne s'était constamment, depuis les essais maladroits et malheureux du « joséphisme », montrée implacable aux théories de la souveraineté populaire ou simplement du libéralisme le moins exigeant : « Tenez-vous-en à ce qui est ancien, car cela est bon, recommandait l'Empereur aux professeurs du gymnase de Laybach. Il s'élève des idées nouvelles que je n'approuve pas, que je n'approuverai jamais. Défiez-vous et attachez-vous au positif. Je n'ai pas besoin de savants, mais de fidèles sujets... ».

Les gouvernements allemands, désireux avant tout de « se prémunir contre l'épidémie démagogique », applaudissaient et s'extasiaient. Aussi vinrent-ils, un à un, se grouper autour de Metternich, ne trouvant, nulle part ailleurs, « une tête aussi prévoyante ni une main assez forte pour arrêter l'engeance révolutionnaire ». Bientôt la Prusse elle-même, menacée dans sa paix intérieure par ces mêmes agitateurs qu'elle avait d'abord favorisés, se vit réduite pour les contenir à implorer l'appui de sa rivale. Elle devint, au jugement du duc de Richelieu « une préfecture de l'Autriche »; le comte de Bernstorff fut « un lieutenant du prince de Metternich ».

*
* *

Ce fut, de tout temps, un trait commun aux Chanceliers des Habsbourgs que l'infatuation. Mais celui de l'Empereur François II les a tous, même Kaunitz, surpassés. Il est pour ses contemporains sans indulgence et du haut de son esprit ne les considère qu'avec pitié : Nesselrode est petit; Capo d'Istria, un pauvre rêveur; Thiers, un niais et un acrobate; Berryer, un sot. Canning et Haugwitz valent à peine d'être nommés sous sa plume. Gens de mérite, mais sans plus, les cardinaux de Richelieu et Mazarin qui trouvent grâce, étant personnages du passé. Pour Napoléon, est-il digne « du titre de grand homme » ? Peut-être, étant donné qu'il a été terrassé par Metternich. En ce qui concerne son vainqueur la question ne saurait être résolue que par l'affirmative; il est le bras droit de la Providence, s'il n'est la Providence elle-même. Voyage-t-il en Italie? « Ma présence, écrit-il, est d'un effet incalculable ». Est-ce en Allemagne? « Je suis venu à Francfort comme le Messie ». Il tient pour l'expression de la vérité toute nue cette flatterie, qu'il rapporte lui-même, d'Alexandre lui disant après la bataille de Leipzig, car les Majestés ont parfois des motifs à descendre aux courbettes des courtisans : « Dieu a prononcé, son avis a été le vôtre. » Jamais cette superbe n'a eu plus ample matière à contentement qu'en ces premières années de la Sainte-Alliance. Metternich est « l'arbitre de tous les intérêts ». Il commande « sur toute l'étendue de la Confédération germanique... Les princes, les ministres, les capitalistes fameux se précipitent sur ses pas. Témoins alarmés des continuels empiètements du Cabinet de Vienne, les Envoyés de Louis XVIII auprès des États secondaires prévoient qu'il va « former de l'Allemagne entière un seul tout homogène dont l'extrémité du levier sera entre ses mains »; et le moment leur semblait proche, où l'on n'y verra plus « qu'un Empereur et des vassaux » [1].

*
* *

La vérité est que les événements se faisaient complices de l'Autriche. Les mesures de réaction, conséquences des décisions prises en congrès, à Aix-la-Chapelle, contre « la folie constitutionnelle » et les « Teutomanes » n'avaient pas attiédi les passions. Plutôt les avaient-elles exaspérées. Quelques personnes étaient particulièrement en haine aux étudiants. Le 23 mars 1819, l'un d'eux, Karl Sand, s'étant rendu à Manheim, y assassinait le vaudevilliste Kotzbue. Si la conscience publique avait généralement blâmé le crime, elle avait aussi été singulièrement empressée à chercher des excuses à son auteur : « Illégale, écrivait à la mère de celui-ci un professeur de théologie, Witte, et, du point de vue général, immorale, cette action n'en a pas

1. METTERNICH : Mémoires, *passim*.— AFFAIRES ETRANGÈRES. *Bavière;* Correspondance générale.

moins sa source dans une pensée généreuse et doit être regardée comme un beau signe des temps. »

Le fils de Paul Ier redoutait par dessus tout les séditions militaires et les assassinats politiques. Ce meurtre d'un homme dont Alexandre recevait des rapports sur l'état de l'Allemagne, et qui, pour s'y être montré sévère aux manifestations universitaires, avait été poignardé, à son service, comme traître à la patrie, ses informations tendant à détourner de celle-ci les sympathies impériales; les événements d'Espagne et d'Italie, firent sur son esprit une impression profonde. Puis voici qu'on apprend la révolte du régiment Séménowski et quelques mouvements séditieux en Pologne. D'un bout du monde à l'autre l'insurrection couve ou éclate. Elle a surgi en Amérique latine. Elle défie en Grèce le Sultan; en Espagne le Roi Catholique. La voilà en Italie.

Metternich exploita les terreurs d'Alexandre, ébranla son imagination; il lui montra partout des complots; il le pressa de diriger la croisade de l'Europe monarchique contre la Révolution, comme naguère contre Bonaparte. Retournant contre nous auprès de lui la tactique qu'il avait, un moment employé contre lui auprès de nous, le Chancelier s'applique à le convaincre que le libéralisme de la France constitue un danger toujours menaçant. C'est l'odieuse calomnie que tous nos agents lui reprochent. Par des insinuations répétées, il montre l'esprit de rebellion momentanément vaincu mais réfugié sur notre sol prêt à en sortir pour reconquérir l'Europe. Une vigilance assidue s'impose. Les Puissances ne peuvent s'en remettre au gouvernement français. Est-il modéré? Il pactise avec l'ennemi. Est-il composé de purs royalistes? Que peut sa bonne volonté en face d'une opinion publique hostile dont il accroît la force en essayant de la comprimer? Au premier jour, une explosion l'emportera. Incurablement suspect ou débile, il ne mérite aucun crédit.

Ainsi le Tzar se trouve écarté de toute alliance particulière avec la France et confirmé dans la pratique de l'accord général. Il s'y attache d'autant plus que sa foi dans cet accord est profonde. Elle tient à ce fond premier de culture que son précepteur La Harpe, imprégné des sophismes de Rousseau, lui a inculquée. Il en est féru jusqu'au mysticisme. Le devoir véritable et l'intérêt bien entendu de chaque État sont d'oublier ses convenances particulières pour soutenir la grande cause conservatrice. Alexandre ne manquera pas à cet impératif catégorique et ne méconnaîtra pas cet intérêt. Changeant brusquement d'attitude, il rejoignit, dépassa le Cabinet autrichien dans la violence de ses sentiments réactionnaires. Du coup les liens entre les deux empires se resserrèrent.

Là ne s'arrête pas l'astuce de Metternich. Les desseins nationaux de la Russie l'opposaient à la Grande Bretagne. Usant perfidement du souvenir de Talleyrand, des sentiments personnels de Louis XVIII, de l'influence de Decazes, il feignit de craindre que l'analogie des institutions ne muât une sympathie, toujours prête à l'intimité, en entente déclarée. Par là, contre la France réveillait-il dans Alexandre les sentiments du patriote et ceux de l'autocrate. L'accord profond qui subsistait entre sa Cour et celle de Saint-James permettait à Metternich de ne pas s'inquiéter des apparentes divergences que cette tactique semblait mettre entre elles. Il savait bien que la France ne recevrait de l'Angleterre aucun appui effectif. Cependant lui-même avait atteint son but. Il avait réussi à faire du Souverain devant lequel il tremblait le premier instrument de sa politique. De l'aveu et avec le concours de la Russie, il appesantissait sa domination sur l'Europe continentale. Elle s'était fait reconnaître, et, chaque fois, un peu plus et un peu mieux, à Carlsbad, à Troppau, à Laybach, de congrès en congrès. La seconde de ces assemblées, renforçant les dispositions antérieures sur l'intervention armée, décréte que les monarques « exercent un droit incontestable en prenant des mesures communes de sûreté contre les États que le renversement de l'autorité par la révolte *met dans une attitude hostile contre tout gouvernement légitime* ». Puis, trois semaines plus tard, c'est assez pour user de coercition que des « changements opérés » dans les mêmes conditions et *dont les conséquences pourraient être menaçantes pour les autres Etats*. Sur quoi, l'Autriche avait reçu carte blanche en Italie où ses soldats avaient fait merveille.

Metternich invoque « le droit éternel » pour l'anéantissement de cette nation mise en pièces; il s'autorise encore de « cette vraie force », quand il fait enfermer au Spielberg, sous le chef de haute trahison et de lèse-majesté, un Silvio Pellico coupable d'avoir voulu se rendre une patrie. Mais Stendhal, le faisant parler par l'organe de son comte Mosca, — à qui le Chancelier a servi de modèle, — lui met dans la bouche un langage plus vrai : « Notre politique, pendant vingt ans, va consister à avoir peur des Jacobins, et quelle peur! Chaque année, nous nous croirons à la veille de 93... Tout ce qui pourra diminuer cette peur sera souverainement moral aux yeux des nobles et des dévôts ». Joseph de Maistre ne saurait être regardé comme l'un de ces esprits scandaleux, pervers ou ignares, « asservis à l'opinion publique », soumis « aux excitations du vulgaire et aux folies de la rue », auxquels on a maintenant accoutumé d'imputer la responsabilité des fautes commises par les gouvernements absolus. Il n'est pas l'un de ces « grands poètes » qui ont chanté les soldats de l'an II et Napoléon . Il n'est pas républicain, ni bonapartiste, ni démocrate. Il n'a été membre d'aucune assemblée élue, fût-ce seulement au suffrage censitaire. Il est royaliste, et de la meilleure étoffe. Et cependant ce régime, ouvrage de la Sainte-Alliance, qui, si l'on en croit M. Jacques Bainville, « a réalisé l'effort le plus sérieux qu'on ait vu dans les temps modernes pour garantir la paix de l'Europe », il ne le tenait pas pour digne d'admiration ni de conservation, tant s'en faut : « Jamais, s'écrie-t-il, les nations n'ont été plus méprisées, plus foulées aux pieds, d'une manière plus irritante pour elles. C'est une semence de guerres et de haines, tant qu'il y aura une conscience parmi les hommes. »

Ce triomphe de sa politique, Metternich s'attache en vain à le représenter comme exclusif de tout pensée égoïste. Le Cabinet des Tuileries n'est pas dupe. Il constate que partout les principes de la légitimité servent au Chancelier à favoriser l'intérêt autrichien aux dépens du nôtre.

Déjà en était-il de la sorte, au temps de l'alliance sous Louis XV. L'union des Cours de Versailles et de Vienne, scellée par un mariage, était supportée comme un fardeau. On n'a voulu retenir, pour les en condamner, — en l'exagérant ou même, en ce qui regarde Voltaire, en la supposant gratuitement, — que l'hostilité des Encyclopédistes contre le pacte de 1756. Mais ceux-ci, quel qu'en fut leur sentiment, n'ont rien exprimé qui ne se trouve en termes bien autrement forts dans la correspondance des personnages les plus considérables de l'État, — premiers ministres, généraux, ambassadeurs. Les Belle-Isle, les Saint-Germain, le maréchal de Noailles, dont on ne saurait nier les services rendus à la France et à la dynastie ne le peuvent souffrir et, courageusement, pathétiquement, l'écrivent au Roi.

Les hommes de lettres ne sont que leur écho et celui de la Cour, de la famille royale elle-même. Duclos ne juge pas autrement que M. d'Ossun qui, mêlé aux grandes négociations et n'écrivant que pour son maître, n'est pas suspect de déclamation. On en peut accuser encore moins les grands commis du ministère des Affaires Étrangères : le plus élevé d'entre eux n'hésite pas à affirmer que les traités de 1756 et de 1757 ont « bouleversé le système politique de l'Europe à notre préjudice ». Le cardinal de Bernis, qui les a conclus, estime notre rôle dans la guerre de Sept Ans « extravagant et honteux ». Plus dur encore l'arrêt porté par le Dauphin, père de Louis XVI, tout dévôt et qui, étant tel, n'a pas, certes, subi l'ascendant des « écrivains émancipateurs » sur lesquels on crie haro. Il dépasse en rigueur tout ce qui a été prononcé contre l'alliance autrichienne : « elle nous empêche d'être Français ». Et le Prince accompagne cette condamnation d'une résolution : « Je dois, écrit-il, m'efforcer de trouver dans l'histoire de mes aïeux par quels moyens ils ont repris à cette maison l'Espagne, Naples, la Lorraine, les Pays-Bas en partie, l'Alsace, la Franche-Comté, le Roussillon, et ne pas oublier que si je ne maintiens cette politique observatrice, l'Autriche me reprendra ce qu'elle a pris sur mes ancêtres, depuis le commencement qu'elle a existé, ce qui n'est pas fort ancien. Et l'on se souvient de ce qu'était la France sous Charlemagne. » Mesdames de France, le comte de Provence étaient imbus de cette doctrine. Parmi ceux que Louis XVI appelle au gouvernement, il n'est qu'une voix : il faut secouer le joug de la Cour de Vienne. A celle-ci Vergennes n'entend aucunement sacrifier la Prusse.

En 1787, si l'alliance subsiste officiellement, elle n'est plus que nominale. Elle venait de s'avérer inutile dans les affaires de Hollande où l'une des plus grandes humiliations de notre histoire avait été infligée à la monarchie; et, quatre ans plus tard, au moment de l'affaire de la Nootka, si l'Espagne n'avait capitulé devant l'Angleterre, la France et l'Autriche allaient combattre dans des camps adverses. La guerre déclarée au roi de Bohême et de Hongrie, en 1792, était fatale, peu importe qu'Émigrés et Girondins l'aient souhaitée et y aient travaillé plus ou moins; elle eût éclaté tôt ou tard : en son fond elle tend à lever l'hypothèque qu'ont sur l'Alsace les princes possessionnés; elle répond au sentiment général soulevé depuis plus de trente ans contre l'insolence autrichienne ; elle prévient une attaque ouvertement préparée [1].

Pendant la Révolution, les Émigrés partageaient contre la Cour de Vienne l'animadversion des Républicains. En cherchant à relever le trône, elle pensait à démembrer le royaume, elle se souciait surtout de reconquérir les deux provinces, Alsace et Lorraine, qu'il lui avait fallu céder à la France et qu'elle n'avait jamais renoncé à reprendre. Aux propositions de Danton d'échanger les enfants royaux gardés au Temple contre les détenus d'Olmutz elle était demeurée sourde [2]. Le « comité autrichien » était aussi suspect et aussi violemment anathématisé et honni à Coblentz qu'à la

1. Mettre à la charge de la France la responsabilité de cette guerre est une imposture audacieuse, utilisée contre notre pays par ses adversaires les moins qualifiés pour le montrer atteint de bellicisme incurable et d'impérialisme impénitent. Il faudra, quelque jour, en faire la complète, bonne et exemplaire justice qui se doit. Fustel de Coulanges pensait à ces thèses mensongères et meurtrières quand il écrivait : « C'est une sorte de fureur de nous calomnier et de nous détruire, semblable à cette monomanie du suicide dont on voit certains individus tourmentés. Nos plus cruels ennemis n'ont pas besoin d'inventer les calomnies et les injures; ils n'ont qu'à répéter ce que nous disons de nous-mêmes... L'Histoire ainsi pratiquée n'enseigne aux Français que l'indifférence, aux Étrangers que le mépris. »

2. Metternich écrivait, le 3 mai 1793, à Trautmansdorf, Chancelier de la Cour aux Pays-Bas : « Ce que je vous ai communiqué, Monsieur le comte, de la proposition qu'a faite la Convention nationale, de rendre la liberté à la famille royale, si on la rendait, par échange, aux prisonniers livrés par Dumouriez, est un fait avéré, que M. le prince de Cobourg m'a confirmé lui-même, lorsque je me suis trouvé à son quartier-général... »

Convention. Un officier émigré,le comte de Langeron, attribue les malheurs de la royauté à « l'alliance désastreuse de 1756 ». En 1795, à Vérone, à la Cour du Prétendant, on parlait de la « faction autrichienne » avec autant d'aigreur et de colère qu'au Comité de salut public. Et la manière dont, en dernier lieu, Metternich avait joué et trahi Napoléon après avoir mis dans son lit une archiduchesse n'avait pas nui à lui et à l'Empereur François seulement parmi les Bonapartistes.

*
* *

Ces sentiments, on les retrouve en Charles X et en tous ceux à qui il accorde sa confiance pour les affaires extérieures. Les voilà donc adversaires résolus de l'Autriche? Oui, et de tout leur cœur. Mais, comme le Chancelier a paralysé l'initiative d'Alexandre en opposant dans sa volonté l'intérêt monarchique à l'intérêt national, de la même manière entrave-t-il l'activité de nos ministres. Sa manœuvre à cet égard est constante. Au congrès de Laybach, il pousse sa pointe : « Tous les États de l'Europe, dit-il au duc de Blacas, renferment des révolutionnaires qui les menacent d'une destruction totale; ce sont nos plus prochains ennemis, ceux qu'il faut d'abord songer à abattre; c'est là le grand souci du moment, celui qui doit dominer et faire disparaître tous les autres. Avant de songer à exécuter nos projets particuliers, il faut songer à vivre et nous ne le pouvons qu'en nous réunissant contre une attaque qui nous est commune, à tous tant que nous sommes. » Dix ans plus tard, à notre ambassadeur il déclare que « les affaires politiques ne sont pas aujourd'hui les plus importantes; qu'avant tout il faut que chacun songe à ses affaires intérieures... A l'esprit d'innovation ou, pour mieux dire, de désordre qui menace » il faut « opposer l'esprit de conservation ». Or, pour « atteindre ce but salutaire, que les gouvernements ne doivent jamais perdre de vue, la première condition est le maintien entre eux des rapports les plus intimes ».

Le Cabinet des Tuileries n'est pas en bonne posture pour se soustraire aux conséquences de cette thèse. Castelreagh avait refusé de signer les protocoles de Troppau et de Laybach. Nos plénipotentiaires avaient dû s'en tenir à des réserves. Les instructions de Louis XVIII en ont proclamé le principe : il faut empêcher l'Autriche de dominer en Italie. Mais quand Metternich intervient dans la Péninsule, à Naples, par exemple, Richelieu convient que la France « se trouve singulièrement gênée dans cette question, car, tout en condamnant les vues intéressées que l'Autriche y apporte, elle désire, comme elle, le succès d'une action dirigée contre le progrès des doctrines révolutionnaires. » Un ministre, modéré et presque libéral, Martignac reconnaît que l'action du Chancelier en Italie « pour comprimer l'esprit d'agitation et de révolte ne nous est pas moins utile qu'au gouvernement de l'Empereur lui-même... Chercher à le contrarier... serait agir contre notre propre conservation ». Devant l'importance de l'appui offert « aux principes de la légitimité... disparaissent tous ces petits intérêts de rivalité auxquels on n'accorde souvent que trop de valeur »[1].

Les ministres de la Restauration sont partagés entre deux penchants. Leur attachement à la légitimité les soumet aux lois de la Sainte-Alliance,

1. Instructions données au duc de Laval-Montmorency, nommé ambassadeur du Roi à Vienne. AFFAIRES ETRANGÈRES. *Autriche;* Correspondance générale, t. 409.

et les conduira, dans la période initiale de préparation au coup d'État de Juillet 1830, aux premiers jours du Cabinet de Polignac, à une tentative, peu sincère à la vérité et tôt abandonnée, de rapprochement avec la Cour de Vienne. Leur recherche de la grandeur nationale les entraîne vers une alliance particulière avec le Tzar et une réorganisation de l'Europe.

Est-ce à dire qu'entre ces deux pôles d'attraction il n'y ait qu'incertitude et passivité. Aucunement. Le dogme de l'amitié franco-russe règne dans les Bureaux, et le Directeur des Affaires politiques parle pour eux dans un mémoire de novembre 1821. Selon cet intérprète autorisé, notre grande faute, au XVIIIe siècle, fut de nous enfermer à l'égard de la Russie dans une réserve défiante et de laisser ainsi s'opérer dans l'Europe orientale des remaniements en compensation desquels nous ne reçûmes aucun dédommagement. Un attachement superstitieux à des formes surannées nous empêche alors de comprendre les conditions nouvelles de l'équilibre européen. Nous rejetâmes les offres répétées de Pierre le Grand et de la Tzarine Elisabeth, parce que nous entendions protéger contre les convoitises moscovites nos alliés traditionnels. Force fut à la Cour de Pétersbourg de se rabattre sur celle de Vienne. On sait le reste. La Russie, l'Autriche, la Prusse s'agrandirent des Turcs, des Suédois et des Polonais. Nous n'obtînmes pas la moindre parcelle. Maintenant les circonstances ne sont plus les mêmes : la Pologne a disparu, la Suède est négligeable, la Turquie n'est plus une force, mais une proie. Satisfaite au nord et à l'ouest, la Russie regarde au sud-est. Elle voit l'Autriche et l'Angleterre préserver désormais de ses coups la faiblesse ottomane. Les deux Puissances par qui nous est interdit le Rhin lui interdisent Constantinople. Dans le besoin de surmonter ce double veto, l'alliance franco-russe trouve un solide fondement. Son programme est tout tracé : solution russe de la question d'Orient; solution française de la question d'Occident.[1]

*
* *

Mais c'est là le but dernier. Il convient de ménager les étapes. Pour nous concilier la Cour de Saint-Pétersbourg nous devons employer les moyens mêmes de nos adversaires et recourir à cette alliance générale dont Metternich use contre nous. Louis XVIII, monarque de droit divin, malgré la Charte « octroyée », y avait été admis, mais il faisait figure de surnuméraire. On l'y avait pris en otage pour mieux surveiller et tenir son royaume. La fraternité théorique ne lui donnait pas l'égalité parfaite. Si dès 1818, en septembre, à Aix-la-Chapelle, Sa Majesté Très Chrétienne avait été « invitée à unir dorénavant ses conseils et ses efforts » à ceux des Coalisés de 1813, dans cette Pentarchie les Quatre de Chaumont n'en maintenaient pas moins leur intimité particulière et se réservaient expressément de mettre leurs forces en commun, pour rétablir l'ordre en France, qu'ils en fussent requis ou non par le Roi, dans le cas où « un bouleversement quelconque y surviendrait et menacerait le repos ou la sûreté de ses voisins ». On voit combien était malaisée la tâche de notre diplomatie.

Désigné par la confiance que son caractère inspire à tous les Souverains et par l'amitié dont l'honore Alexandre Ier, le duc de Richelieu l'avait assumée. Il se garde bien de se laisser

1. Instructions aux ambassadeurs, juin 1816.

séduire par des combinaisons prématurées, telles que l'alliance du 3 janvier 1815. Pour « se rasseoir sur des bases solides », la France doit prendre « comme seule règle de conduite la prudence la plus scrupuleuse » et se refuser à « toute intervention dans les affaires des autres ». Elle doit même s'abstenir de toute initiative dans celles qui la touchent le plus près : ainsi la réduction des troupes d'occupation. Le ministre profite naturellement de la bienveillance du Tzar. Mais il en bénéficie passivement, pour ainsi dire. Non seulement il ne saurait être question de vouloir avec la Russie une alliance active; il faut encore ne point paraître en quête de son appui *exclusif*. Le 27 décembre 1816, Richelieu écrit au marquis de Bonnevay, ministre du Roi à Berlin: « Il y a des raisons bien fortes d'écarter tout ce qui tendrait à prouver à l'Europe que nous marchons constamment de concert avec la Cour de Saint-Pétersbourg et sous sa seule égide.

Mais cette « réserve absolue » finira. Elle nous est commandée seulement pendant « le temps que durera l'occupation d'une partie du territoire et que l'alliance des quatre grandes Cours continuera à exister en fait ». En prévision d'une époque plus favorable, le devoir de nos ambassadeurs est dès maintenant de ne pas s'en tenir à la représentation. S'ils « ne doivent faire aucune démarche, même indirecte, qui ne paraisse une suite du principe d'isolement que nous avons adopté », toutefois il leur appartient de « réunir le plus d'informations possible sur la situation réelle des choses pour nous préparer d'avance au rôle que nous serons un jour appelé à remplir ».

La politique de ces premières années de la Restauration n'est pas celle du renoncement. Elle est circonspecte, mais elle n'est pas résignée. Elle n'abdique pas; elle se replie; elle observe. Un terme lui est fixé. En 1820, malgré des fautes graves dans l'administration intérieure, la France a réparé une partie de ses forces épuisées. Elle a acquitté loyalement la dette de guerre qui lui a été imposée. Son territoire est libéré. Les fortunes privées, où s'alimente le Trésor Public, se développent. Si l'armée, séparée des officiers, formés à l'école de Napoléon, et des sous-officiers dressés sur les champs de bataille, est sans cadres, du moins Gouvion-Saint-Cyr lui a-t-il, par la loi de 1818, assuré des moyens de recrutement.

De cette vigueur renaissante la France ne va-t-elle pas se servir pour sortir de son inaction et s'affranchir des traités qui l'ont mise au carcan. Des conjonctures propices peuvent surgir, en vue desquelles il faut être prêts. Elles semblent, l'année suivante, se présenter. Les Grecs se sont rebellés contre l'oppression ottomane. Du coup l'alliance générale chancelle. Pour l'Autriche et la Grande Bretagne il n'y a point de heurt entre la doctrine politique et l'intérêt national. Elles détestent à la fois la révolte contre le souverain légitime et la menace contre l'intégrité de l'Empire turc. Alexandre, au contraire, oscille entre son désir de soutenir un peuple soumis à l'influence russe et son effroi d'aider un mouvement insurrectionnel. Il envisage une politique distincte.

En telle expectative l'appui de la France lui devenait précieux. Son imagination lui fournissait aisément les vagues projets qui servaient à sa subtilité byzantine d'amorce à tenter ses partenaires pour les amener sur des promesses inconsistantes, à découvrir leurs secrètes pensées. Le 18 juillet 1821, s'adressant à notre ambassadeur, le comte de La Ferronays, sur un ton d'abandon, il dénonce le concours « odieux et insensé » que la cour de Saint-James et peut-être la Cour de Vienne veulent prêter à la Porte. Que la France consente à une alliance patente avec la Russie, le danger est conjuré. L'Autriche, menacée en Allemagne et en Italie, sera bien forcée de se tenir paisible. Il n'y fallait qu'une déclaration. Pour prix de cette collaboration la Cour des Tuileries peut prendre ce qu'elle voudra : « Qu'elle ouvre le compas sur la Méditerranée depuis le détroit de Gibraltar jusqu'aux Dardanelles; qu'elle choisisse ce qui est à sa convenance. Pour l'acquérir elle peut être sûre non seulement du consentement, mais encore de l'assistance la plus sincère, la plus efficace de la Russie... ».

La Ferronays se hâta de consigner les termes d'une conversation aussi importante dans une dépêche qu'il fit porter à Paris par le premier secrétaire de l'ambassade, M. de Gabriac. Grand émoi aux Tuileries. Pasquier, qui était chargé des affaires étrangères, convient dans ses Mémoires que, « sans lui être complètement inconnues, elles ne lui étaient pas familières ». Il eut recours à l'expérience du duc de Richelieu, alors Président du Conseil, et à celle de son Sous-Secrétaire d'État, Rayneval. Nous avions « une belle et grande occasion de traiter avec nous-mêmes des différents systèmes politiques que la France pouvait être dans le cas d'adopter ».

Contre l'alliance russe pas d'objection de principe. Elle est notre seul moyen de recouvrer la frontière du Rhin. On discute seulement de l'opportunité. D'abord l'occasion vient trop tôt : la France n'est pas encore prête. Pour cette raison Richelieu, « malgré son inclination secrète », se résigne à « employer toute son influence pour prévenir ou pour retarder, s'il est possible, les hostilités ». Ensuite et surtout, nous n'osons nous fier au Tzar. Ne savons-nous pas bien, en effet, que l'action du gouvernement russe contredit le langage de l'Empereur; que le Cabinet de Pétersbourg vient de prendre à son compte un mémoire du ministre des Affaires Étrangères prussien, Ancillon, recommandant pour faire face aux éventualités du soulèvement grec le resserrement de la Sainte-Alliance et n'admettant qu'une opération combinée de la Russie et de l'Autriche, mandataires de l'Europe.

A l'égard d'un Prince « dont les habitudes et les nécessités d'une vie toute politique avaient altéré la droiture native », Richelieu estimait indispensable une extrême précaution : « notre marche ne devait être ni apparente ni seulement soupçonnée ». En prêtant l'oreille aux suggestions communiquées par La Ferronays, nous risquions de nous brouiller avec les autres Puissances et, pis encore, avec Alexandre lui-même, toujours prompt à accuser la France de vues particulières, eût-il été le premier à les lui présenter. Le mieux était donc d'éluder toute réponse directe et de se borner à des mesures capables de relever aux yeux des Russes notre prestige militaire. Réunir dans les ports de la Méditerranée douze à quinze vaisseaux, rassembler à proximité quinze à trente mille hommes : ainsi marquerait-on qu'il faudrait « désormais compter avec la France ».

*
* *

Les regards tournés vers l'alliance possible, mais attentif à ne pas se compromettre, le Cabinet des Tuileries attend le moment où les circonstances décideront la Cour de Pétersbourg à entrer complètement « dans un système qui la mettra et nous-mêmes pour toujours à l'abri des effets de la mauvaise volonté des autres Cours et rétablira en Europe un équilibre réel plus propre à y maintenir la paix que cette alliance universelle dont la diversité d'intérêts compromet sans cesse l'existence ». Voilà qui est net. Le gouvernement de la Restauration se prononçait pour la solution russe. Il la préparait dans la mesure qui dépendait de lui et la conclusion en restait subordonnée à la seule volonté de l'Empereur. Notre contenance ne variera plus : « Si la Russie veut agir, écrivait, le 14 mai 1824, La Ferronays, devenu ministre des Affaires Étrangères, à Chateaubriand, ambassadeur à Berlin, elle sait qu'elle peut compter sur nous; mais il faut attendre qu'elle s'exprime plus clairement. »

Le lendemain même du jour où Louis XVIII avait congédié Talleyrand, tout le soin des successeurs de celui-ci tend à défaire ce qu'il avait fait, à rouvrir les voies qu'il s'était appliqué à fermer. On s'étonnera peut-être qu'une décision qui engageait l'avenir de notre politique ait été prise contre le sentiment du Roi. Si le gouvernement et les bureaux s'étaient trouvés d'accord pour choisir l'alliance russe, il s'en fallait, et de beaucoup, que Louis XVIII y fut gagné. Toutefois, « vieilli et apathique », il s'abstint, au témoignage de Pasquier, de se mêler aux délibérations. On n'ignorait pas qu'il n'était pas favorable à la cause grecque, mais on savait qu'il désirait seulement « qu'on lui épargnât la nécessité de prendre aucune résolution forte ». Quant aux contradictions, « pourvu qu'elles ne froissassent pas un petit nombre d'idées que l'habitude lui avait rendues chères, il avait volontiers l'air de ne pas s'en apercevoir ». Par là s'explique le fait, à première vue paradoxal, que sous un Prince engoué de la Grande Bretagne et en défiance de la Russie, la France ait adopté une politique moscovite.

LA GUERRE D'ESPAGNE

L'alliance russe demeurait donc le prélude et la condition de notre relèvement international. Le plan proposé pour la préparer n'était pas un projet accessoire, imaginé par un Secrétaire d'État, oublié par un autre : elle était devenue la pensée permanente des Bureaux. Ne nous étonnons pas de voir, après Richelieu et Pasquier, Chateaubriand la recueillir et la développer. Son ministère marque un pas nouveau dans la voie où s'était engagée la politique française. On peut dire que la guerre d'Espagne eut pour objet de préciser et de fixer, sans nous compromettre, l'ébauche de cette alliance désirée.

Dans les affaires grecques où l'intérêt russe l'emportait et où il s'agissait de défendre une cause révolutionnaire, le Cabinet des Tuileries était demeuré dans l'expectative, se contentant d'observer avec sympathie l'attitude de Pétersbourg, prêt à répondre à son appel. Pouvait-il témoigner aux insurgés plus d'intérêt qu'Alexandre? Il lui fallait donc attendre, sans le devancer ou seulement paraître désireux de le hâter, le moment où, dans l'âme du Tzar, le souci des ambitions deviendrait prédominant. Les affaires d'Espagne fournirent l'occasion de passer à une action plausible, au moins indirecte. Elles intéressaient particulièrement notre gouvernement puisque les deux pays étaient limitrophes et que le souverain en péril appartenait à la maison de Bourbon. En outre, il s'agissait, cette fois, non plus d'aider mais de combattre la révolution.

Les Puissances étaient dans un anxieux embarras : elles voyaient, à la fois, la gravité du danger et la difficulté d'y parer. Comme le notait Rayneval, alors ministre à Berlin, leurs inquiétudes tenaient surtout « à notre contact avec la Péninsule en insurrection ». Il montre Bernstorff « effrayé des risques auxquels les troubles de ce pays peuvent exposer le repos de l'Europe, et désespérant de trouver un remède aux maux qui le déchirent ». Il dépendait de nous de saisir, en la circonstance, la direction de la politique européenne : « Si le gouvernement du Roi, mandait-il, veut indiquer aux autres Cours la voie à suivre relativement à l'Espagne; s'il aperçoit, et surtout s'il a par lui-même, les moyens de porter remède aux maux qui affligent ce pays, la France peut se promettre de jouer un rôle prépondérant dans le futur congrès; car il est indiscutable que, tout en sentant la nécessité de s'occuper de la situation de l'Espagne, il n'y a pas une seule des Cours alliées qui ait une idée arrêtée sur ce qu'il y a à faire de ce côté »[1].

C'était donc à la France d'intervenir et, dans l'espèce, l'intervention lui semblait prescrite, moins par l'intérêt national que par l'intérêt dynastique. Cette circonstance qui ne laissait pas d'avoir pour effet, à l'intérieur, d'exciter les Libéraux contre toute action armée de notre part, y rendait au dehors, favorables, au moins en apparence, les États de la Sainte-Alliance. En affirmant que «l'entreprise d'Espagne a été une entreprise

1. Le comte de Rayneval au vicomte de Montmorency, Berlin, 6 et 10 Août 1822. AFFAIRES ETRANGÈRES. *Prusse;* Correspondance, t. 262.

commandée par les intérêts de la France, Chateaubriand est sans doute sincère avec lui-même : il exprime sa pensée du moment. Mais lit-on la suite de ses dépêches, en 1821, on constate que s'il préconise, dès lors, la guerre contre Naples, puis contre l'Espagne, il n'a point d'autre raison que la légitimité, ou, du moins, n'en avance-t-il point d'autre : « Il est certain qu'une constitution fondée sur la souveraineté du peuple et exécutée par des soldats est frappée de la double plaie qui décompose toute société, à savoir la démocratie et le despotisme; l'Europe a-t-elle le droit de se préserver de la peste? Nul doute ». La France y est particulièrement tenue : « il lui importe plus qu'à tout autre pays d'extirper les principes révolutionnaires »[1].

Toutefois, s'il est vrai que Chateaubriand a d'abord retenu des considérations d'ordre intérieur, il ne l'est pas moins que très vite sa pensée s'est élargie. Les buts qu'il a poursuivis, en passant les Pyrénées, se rattachaient tous à la grandeur française. Il se propose de soustraire la monarchie espagnole à l'ascendant britannique pour la rattacher à notre influence; de donner à la Restauration l'armée qui lui manque; d'imposer à l'Europe le respect de notre force militaire et surtout d'habituer la Russie à notre alliance. L'occasion lui semblait excellente de résoudre la contradiction qui pesait sur notre politique. Pour lui la conciliation entre la nation et la monarchie est trouvée : il n'est que de faire de la France le soldat de la légitimité, comme elle l'a été de la révolution.

1. 6 février 1821. Le 14 Août, il revient sur cette idée : « Pour nous le péril immédiat, le péril de chaque jour, c'est le retour de la révolution. C'est elle qui doit exciter toutes nos craintes; c'est à l'étouffer que doivent tendre tous nos efforts. »

Aussitôt les sympathies qu'excite Vienne se tourneront vers Paris. La Sainte-Alliance cessera d'être un obstacle pour devenir un instrument.

Les objections qu'on a soulevées contre cette politique viennent de ce qu'on n'en a pas admis le point de départ, à savoir que la France et la Royauté se confondent. Si l'on accepte ce principe, qui ne pouvait pas ne pas être celui d'un ministre de la Restauration, l'expédition d'Espagne n'apparaît-elle pas d'une logique rigoureuse et d'une conception magistrale? Pour la faire approuver par ses partenaires Chateaubriand avait à réussir un jeu délié et difficile : il fallait que son dessein secret d'intérêt national et particulier fut couvert par le dessein patent du dévouement aux intérêts communs de la légitimité. Certes il s'exposait de la sorte aux critiques acerbes de l'opposition, mais, dans les Cours il était inattaquable.

Son grand appui, c'était Alexandre. Celui-ci avait, dès le début de la crise espagnole, songé à une intervention de la France. « A elle appartenait, selon lui, de jouer le fort beau rôle de pacificateur. » Sans doute n'était-il pas alors question d'une intervention militaire. Le fait n'en était pas moins que le Tzar avait eu la première pensée de nous confier le mandat de l'Europe. Heureuse circonstance qui prévient de sa part tout soupçon quand le gouvernement de Louis XVIII, après avoir longtemps repoussé le projet d'expédition, finit, avec Montmorency et Chateaubriand, par l'accueillir.

Alexandre n'avait pas changé depuis 1821. Autant qu'à cette époque son caractère ombrageux se fût cabré en présence de toute politique qui, même à son instigation, eût tendu à ébranler l'alliance générale par une liaison particulière. Là-dessus il se montrait intraitable : « Il ne peut plus, disait-il à Chateaubriand, y avoir de politique anglaise, française, russe, prussienne, autrichienne; il n'y a plus qu'une politique générale qui doit pour le salut de tous être adoptée en commun par les peuples et les rois. » Dans la pratique la rigidité de ce credo s'assouplissait singulièrement : une Puissance qui, comme la Russie, avait donné des gages certains de l'orthodoxie de sa doctrine, méritait quelque crédit et l'on pouvait s'en rapporter à elle du soin de diriger les affaires; la France, par contre, restait suspecte n'ayant « point encore donné à l'Europe les garanties dont celle-ci aurait besoin pour se laisser conduire par elle ».

A cet égard les préventions d'Alexandre conservaient une vigueur intacte et balançaient la satisfaction qu'il aurait eue de trouver dans une France vigoureuse un appui contre l'Autriche et l'Angleterre. Les insinuations de Metternich n'avaient pas cessé d'influer sur sa pensée. Il craignait qu'une victoire française n'eût pas pour seul effet un déplacement de frontières, mais ne devînt le signal d'un bouleversement européen, d'une revanche de l'esprit de révolution sur l'esprit de légitimité. Contre ce péril, le gouvernement des Bourbons ne lui paraissait pas donner des sûretés suffisantes : il doutait de sa sagesse et surtout de sa force.

Compter qu'entre ces deux inclinations, l'une favorable à la France, l'autre défiante, Alexandre finirait par se décider, c'était méconnaître ce caractère ambigu et toujours flottant. Pour qu'il la pût accueillir, la liaison de la France et de la Russie devait, d'abord, non lui apparaître sous les aspects d'un système séparé, mais naître et grandir dans le cadre de la Sainte Alliance. Plus tard seulement, affermie et consolidée, elle pourrait, grâce à des circonstances propices, prendre une vie propre. Il fallait, en somme, que l'application précédât la volonté, la pratique la foi. Chateaubriand eut le mérite de le bien discerner : « Nous sommes persuadés, écrivait-il à La Ferronays, le 27 mai 1823, que s'il y a un Cabinet en Europe qui se réjouisse de notre résurrection militaire, c'est celui de Saint-Pétersbourg... Nous redevenons le boulevard naturel de l'Europe contre la puissance de l'Angleterre ». Les propos de Capo d'Istria à M. de la Sensée, après la révolution de Naples, ne démentent pas ces espérances : « Ma politique est hardie, peut-être trop. Je voudrais vous faire forts. On vous donne le conseil de l'être. Tâchez d'en profiter. Au surplus la Russie sera toujours l'alliée naturelle de la France. »

L'habileté suprême de Chateaubriand était de faire servir à notre relèvement les principes mêmes de la Sainte-Alliance, conçue et dirigée contre nous, et de donner une apparence européenne à une affaire proprement française. Le Tzar avait l'esprit trop délié pour n'avoir pas aperçu ce dessein : « Vous prétendez, disait-il à La Ferronays, ne servir que les intérêts de la France, ne consulter que ses convenances et que l'alliance ne soit pour vous qu'un auxiliaire qui n'ait d'action et de direction que celle que vous voudriez lui donner. » Il estime que « c'est exiger beaucoup ». Mais ayant ainsi prouvé qu'il n'est pas dupe, il se sent plus libre pour se prêter à notre intention : « Il est hors de doute, convient-il, que, dans cette grande entreprise dont vous supportez les frais et où vous courez les premiers risques,nous ne devions vous laisser une pleine et entière liberté d'action, et je me suis toujours opposé à toutes mesures qui auraient pu la gêner. J'ai, de même, compris les ménagements que vous deviez à l'orgueil national et n'ai pris aucun ombrage du silence qui a été gardé sur les alliés ».

Si habile est la diplomatie de Chateaubriand que l'Autriche et la Prusse elles-mêmes, en dépit de leur envie, se voyaient contraintes d'agréer notre mission. Rejeter cette application des principes de la Sainte-Alliance quand les conséquences étaient à notre avantage, n'eût-ce pas été avouer qu'on les avait adoptés seulement pour assurer l'affaiblissement de la France, sans compter qu'on courait le risque de se brouiller avec Alexandre. Il n'est pas jusqu'à l'opposition furieuse du Cabinet de Saint-James qui ne servit la politique de celui des Tuileries. Il s'était déclaré bruyamment hostile à une intervention quelconque. A Troppau et à Laybach son représentant s'en était tenu à l'abstention. Mais, à Vérone, la désapprobation, formulée par Wellington, avait été catégorique.

L'émancipation des colonies espagnoles ouvrait un nouveau et énorme débouché aux manufactures britanniques, d'autant plus précieux que le blocus continental en forçant l'Europe à se donner par ses industries les moyens de suffire seule à ses besoins leur avait en partie fermé ses marchés. Des troubles prolongés, une longue instabilité dans la métropole convenaient donc parfaitement au Royaume-Uni. Enfin accroître notre ascendant méditerranéen en nous ramenant dans cette Péninsule où nous n'avions été que trop présents depuis le traité de San Ildefonso jusqu'au Congrès de Vienne était aux Whigs et aux Tories également intolérable : « Nous, s'écriait Cobbett, sous les ailes de qui les premiers Cortès ont été organisés, laisserons-nous nos armes se rouiller »? Par cette attitude l'alliance générale était dissoute et, cette fois, ce n'était pas la France qui se trouvait isolée. Que Canning, héritier du portefeuille de Castelreagh, après le suicide de celui-ci, poussât, ainsi que l'on pressait lord Brougham, sa résolution jusqu'à la guerre, les conditions de la politique napoléonienne étaient renversées. La Grande Bretagne se résigna à la neutralité. Mais, agissant à Washington, elle encouragea par toutes les ressources de la persuasion le Président de la République des États-Unis à formuler les déclarations contenues dans le message du 2 décembre 1823 et devenues célèbres sous le nom de doctrine de Monroe [1].

Chateaubriand était fier de son œuvre, et justement : le but qu'à Vérone il avait exposé au Tzar était atteint. Cette expédition, d'apparence réactionnaire, consommait la destruction de l'ordre établi en Europe par les traités de 1815. «La France prouva, contrairement aux allégations de la malveillance, qu'elle n'était plus sous le joug de la révolution; qu'elle pouvait, sans compromettre sa sûreté intérieure, réunir une armée sous les drapeaux. Elle regagna la confiance de la Russie et l'union de ces deux Puissances tendant à se resserrer, au moment même où l'alliance de l'Angleterre et de l'Autriche semblait se dissoudre, parut préparer des chances bien nouvelles » [2]. La con-

1. Cette « doctrine » est moins de Monroe que de Quincy Adams, son Secrétaire d'État. On peut la condenser en quelques lignes : le territoire du Continent américain, nouvellement libéré de la domination des métropoles, espagnole et portugaise, est interdit aux ambitions coloniales de l'Europe, sous menace et sous peine de conflit avec les États-Unis.

2. Instructions pour le comte de Rayneval.

quête de nos frontières naturelles serait la conséquence logique de l'alliance ainsi amorcée. Le ministre s'en ouvrait à Marcellus : « Cette guerre doit être le signal et le premier acte de notre résurrection. Alors il nous faudra la rive gauche du Rhin, autant qu'elle peut s'étendre ». Les compagnons de Napoléon frémissaient d'espérance, applaudissant aux premiers pas de la jeune armée. « Les provinces rhénanes, s'écrie le duc de Rovigo, étouffent leur joie en silence et croient que le canon de la Bidassoa a résonné pour leur délivrance. Mayence est sans garnison, sans approvisionnement, et prête à être évacuée. Tout vit là en attendant. La France redevient glorieuse en Espagne. C'est sur le Rhin qu'elle redeviendra forte ».

Et pour réussir dans cette entreprise, sur l'alliance russe, encore, bien incertaine, on échaffaude déjà l'alliance prussienne. Sans se dissimuler qu'à Berlin « le fond de la politique repose sur la jalousie de la France, sur la crainte que celle-ci ne cherche à rentrer quelque jour en Rhénanie », Rayneval notait d'agréables symptômes. « Tout réservés qu'ils sont, les diplomates commencent à nous regarder d'un autre œil; M. d'Alopeus qui ne sort pas aisément du langage officiel commence à me parler des avantages d'une alliance entre la France et la Russie. Il n'en concevait pas la possibilité, il y a quelque temps. Aujourd'hui il y voit toutes sortes d'avantages. Il est même assez près d'avouer que ce système serait préférable à celui de la grande alliance, soit pour assurer le repos de l'Europe, soit pour agir s'il en était besoin [1]. »

1. Rayneval à Chateaubriand, Berlin, 29 mai 1823. AFFAIRES ETRANGÈRES. *Prusse;* Correspondance générale, t. 263.

Que, par un faux abandon, le ministre prussien ait voulu plutôt provoquer des confidences que livrer sa pensée, on peut le croire. A cette même date, de Munich, où les dispositions sont pour nous aussi bonnes qu'elles peuvent être à Berlin, M. de la Moussaye, qui possédait une longue expérience des affaires germaniques, mettait en garde contre de funestes illusions. « La gloire récente et la fidélité de nos soldats viennent, il est vrai, de répandre un grand éclat. Mais la malveillance qui, de tous ses vœux, appelait sur nous des revers, n'a pas renoncé à dénaturer les succès; et lorsque nous annonçons avec confiance le rétablissement complet de la grandeur de la France, il est aisé de voir que nos paroles n'en traînent pas encore la conviction ». Aussi bien Chateaubriand ne s'abusait-il pas. Sa réponse est celle d'un bon sens que n'égare aucune fatuité : « Nous n'avons pas besoin d'agir pour retrouver notre influence en Allemagne. Le développement de nos forces et de notre prospérité nous rendra tout naturellement cette influence et nous la recouvrerons d'autant plus sûrement que nous ferons moins d'efforts pour la ressaisir [1]. »

Garder un ferme dessein et attendre l'occasion sans la chercher : cette politique était sage. Le ministre sentait toutes les difficultés de la tâche. L'auteur du *Congrès de Vérone* les oublie vraiment trop quand il écrit : « Une fois redevenus puissants au moyen de nos succès dans la Péninsule, il eut été aisé de ramener le Tzar à ses anciennes notions d'équité; on pouvait entraîner la Prusse en reprenant l'arrangement de la Saxe abandonné au Congrès de Vienne... »

1. 8 juillet 1823. 26 août 1823. Affaires Étrangères. *Bavière*. Correspondance générale, t. 194.

Assurément on ne fit aucun effort pour exploiter les avantages conquis en Espagne. Pasquier, qui aime peu Chateaubriand, ne dissimule pas les torts de Villèle. Financier, point diplomate, habile à surmonter les difficultés présentes plutôt que capable de prévisions à longue portée, ce ministre, devançant la politique de Guizot, se préoccupa de l'enrichissement plus que de la grandeur du pays. L'eût-il voulu cependant, il lui eût été bien difficile de pousser vers l'accomplissement le plan conçu par Chateaubriand. On le vit bien quand furent revenus aux affaires les partisans de l'alliance russe, pivot de tout le système, à l'heure même où les circonstances se montraient le plus favorables.

QUESTION D'ORIENT

L'événement en prévision duquel le Cabinet des Tuileries avait édifié ses combinaisons survient enfin : la guerre a éclaté entre le Tzar et le Sultan. Le moment de l'action décisive semblait arrivé. Alexandre s'était éteint, le 1er décembre, à Tangarog. Nicolas Ier, moins pénétré d'internationalisme sentimental que son frère, subissait plus impatiemment la poussée des ambitions russes. En commençant les hostilités, il avait rompu l'alliance générale, déjà ébranlée; il avait ouvert la porte aux passions nationales comprimées. A cette force d'expansion Metternich oppose l'entente anglo-autrichienne. Se souvenant du congrès de Vienne et de l'accord avec Talleyrand, il se flatte même de nous faire rentrer dans ce concert. Comme il avait, sous couleur de légitimité et de croisade anti-révolutionnaire, associé naguère la Russie à un système dirigé contre la France, de même sous prétexte de maintenir l'équilibre contre les envahissements russes, il tente aujourd'hui d'associer la France à un système dirigé contre la Russie. Le dessein ne change pas : il faut que Paris et Pétersbourg demeurent séparés et que l'Europe unie pour parer aux périls successifs dénoncés par le Chancelier, reconnaisse sa clairvoyance insigne en l'acceptant, plus encore qu'elle n'a fait jusque là, à diriger les efforts communs. N'est-il pas en politique le praticien incomparable qui jamais ne s'est trompé et qui jamais ne se trompera? [1]

Si Metternich avait, ainsi que l'indiquent plusieurs dépêches de notre ministre en Bavière, formé de si plaisants espoirs, il était loin de compte. Huit ans durant, ses machinations contre nous n'avaient point eu d'intermission. Nous les connaissions et, moins que jamais, nous étions disposés à nous laisser circonvenir par sa palinodie. Allions-nous, pour autant, nous précipiter dans les bras de la Russie? La Ferronays n'en était pas d'humeur. Il n'avait souci que de l'intérêt propre, exclusif de son pays. Sentant la gravité des résolutions à prendre il demanda à Chateaubriand, alors ambassadeur à Rome, son avis.

Le ministre de la guerre d'Espagne restait fidèle aux principes qui l'avaient guidé pendant son ministère : l'horreur des traités de Vienne, le désir de récupérer, grâce à l'appui russe, la frontière du Rhin. Après avoir constaté qu'en présence de la question turque les Puissances se sont divisées en deux groupes : d'une part, la Grande Bretagne et l'Autriche; d'autre part la Russie soutenue par la Prusse, il affirmait que si la France devait prendre parti, tous ses intérêts conseillaient qu'elle se portât vers le second. Nous supposant alliés au

1. Comment se méprendrait-il sur les effets et les causes : « Je ne craignais pas, a-t-il écrit, de m'égarer dans ces voies fausses où tant d'hommes se laissent entraîner par une imagination malade et plus encore par leur amour-propre; car je me sentais exempt de ces défauts... J'étais inaccessible aux préjugés... ». Il a reçu, en naissant, le don d'infaillibilité, et il l'a développé par l'expérience : « Je vis depuis si longtemps dans la sphère la plus élevée des affaires publiques, que je me sens à même d'établir, sans recherches particulières et dès lors sans peine aucune, des rapprochements entre les situations passées et présentes. » Ainsi parle Metternich en janvier 1848, à l'ambassadeur impérial à Rome, quelques semaines avant la révolution qui va le forcer à fuir en Angleterre. Et à Guizot, exilé comme lui à Londres : « l'erreur n'a jamais approché de mon esprit. »

premier, il ne voyait que des résultats stériles : « Quel profit retirerions-nous de notre croisade pour la délivrance du tombeau de Mahomet? Chevaliers de la Sublime Porte nous reviendrions du Levant avec une pelisse d'honneur; nous aurions la gloire d'avoir sacrifié un milliard et demi de francs et deux cent mille hommes pour calmer les terreurs de l'Autriche, pour satisfaire aux jalousies de l'Angleterre, pour conserver dans la plus belle partie du monde la peste et la barbarie attachées à l'Empire ottoman... Nous serions complètement dupes de cette triple alliance qui pourrait manquer son but et qui, si elle l'atteignait, ne l'atteindrait qu'à nos dépens. »

Faute de profit particulier, cherchera-t-on dans l'alliance avec les Cours de Londres et de Vienne un moyen de conserver l'équilibre européen? « Bel équilibre pour nous, en vérité, lorsque toutes les Puissances ont augmenté leurs masses et diminué, d'un commun accord, le poids de la France. Se firent-elles le moindre scrupule de se joindre à la Russie pour nous démembrer et pour s'incorporer le fruit de nos victoires? Qu'elles souffrent donc aujourd'hui que nous resserrions les liens formés entre nous et cette même Russie pour reprendre des limites convenables et rétablir la véritable balance de l'Europe. »

Et Chateaubriand conseillait de tenir à l'Empereur Nicolas un langage sans détours. Vos ennemis, lui dirions-nous, nous sollicitent : nous préférons la paix à la guerre, nous désirons garder la neutralité. Mais, enfin, si vous ne pouvez vider vos différends avec le Sultan que par les armes, si vous voulez aller à Constantinople, entrez avec les Puissances chrétiennes dans un partage équitable de la Turquie européenne. Celles de ces Puissances qui ne sont pas placées de manière à s'agrandir du côté de l'Orient recevront ailleurs des dédommagements. Nous, nous voulons avoir la ligne du Rhin, depuis Strasbourg jusqu'à Cologne. Telles sont nos justes prétentions. La Russie a un intérêt (votre frère Alexandre l'a dit) à ce que la France soit forte. Si vous consentez à cet arrangement et que les autres Puissances s'y refusent, nous ne souffrirons pas qu'elles interviennent dans votre démêlé avec la Turquie. Si elles vous attaquent, malgré nos remontrances, nous les combattrons avec vous, toujours aux mêmes conditions que nous venons d'exprimer ».

Les idées maîtresses de ce mémoire sont celles-là mêmes que nous avons constaté régner, en 1820, dans les Bureaux. La mort de Louis XVIII, survenue quelques semaines avant celle d'Alexandre, l'avènement de Charles X n'avaient pu qu'accroître leur force. Elles hantaient l'esprit du Roi et de son entourage. Mais Chateaubriand tranchait dans le vif avec une hardiesse qui ne pouvait convenir à un gouvernement responsable. La politique doit, certes, procéder d'une doctrine; elle ne peut être exclusivement empirique; mais il lui faut s'adapter aux circonstances. La Ferronays, ancien ambassadeur à Pétersbourg, avait observé de près la versatilité slave. Il hésitait à s'engager. D'accord avec Martignac, son Président du Conseil, il se résolut à prendre des voies plus couvertes. On peut tenir pour sincères les protestations pacifiques que multiplie la correspondance officielle. « Le système de la France, affirmèrent les instructions données au duc de Laval, lors de sa mission auprès de l'Empereur François, est de se maintenir dans des rapports de bonne intelligence avec toutes les Puissances, de conserver une paix dont elle a chèrement payé le bienfait et d'en observer avec une rigoureuse fidélité les stipulations, dans la ferme confiance que toutes les Puissances les respecteront avec une égale bonne foi. » On ne songe pas à profiter de l'opposition entre la Russie et l'Autriche; on affecte de la déplorer et on proteste vouloir s'employer à l'apaiser. Si nous ne pouvons y parvenir, nous prétendons, au moins, ne marquer aucune préférence [1].

*
* *

Ainsi la politique avouée de la France est toute désintéressée, pacifique, conservatrice, animée du « seul désir d'éviter la guerre et d'empêcher la destruction de l'empire ottoman ». Nous voilà, somme toute, assez près de l'Autriche et de la Grande Bretagne. Il n'y a point de différence entre notre langage et le leur. Mais nous ne croyons pas à leur sincérité. Si l'Autriche n'avait « d'autre politique que celle qu'elle annonce »; si elle voulait « franchement le rétablissement de la paix en Orient, l'affermissement de l'ordre public en Italie, sans nuire à l'indépendance des États de cette contrée, et la conservation de l'équilibre », nous serions prêts à nous entendre avec elle. Mais com-

1. « Non seulement il ne saurait entrer dans les sentiments du Roi d'entretenir la mésintelligence entre ces deux Cours; mais tout ce qui tendra à altérer la bonne harmonie entre des Etats aussi puissants sera toujours regardé par Sa Majesté comme très dangereux. Par ses démarches et son langage, son ambassadeur devra donc chercher constamment à diminuer les préventions qui se sont élevées entre eux. » *Instructions au duc de Laval-Montmorency.* — « Au milieu de ces intérêts opposés, la France qui n'a aucune arrière-pensée, aucune vue d'ambition personnelle, qui ne veut que le maintien de la paix entre les grandes Puissances, garde une neutralité qui est devenue imposante pour ses deux Alliés. » *Instructions supplémentaires au duc de Mortemart, ambassadeur auprès de Tzar,* janvier 1829. AFFAIRES ÉTRANGÈRES. *Autriche;* Correspondance générale, t. 409. — *Russie;* Correspondance générale, t. 177.

ment nous en remettre pour garantir notre indépendance à la bonne volonté des Cabinets de Londres et de Vienne, alors que le second donnait les plus justes motifs de suspicion?

Notre intention perce dans les mesures mêmes qui semblent démontrer le mieux l'impartialité dont nous faisons si grand étalage. Tel le traité de Londres conclu par nous avec la Russie et la Grande Bretagne. L'Autriche s'était rangée au côté de la Sublime Porte. Tout lui conseillait cette conduite : d'une part sa crainte des Russes; d'autre part l'effroi qu'elle ressentait de toute rebellion. L'Angleterre n'avait pas encore pris parti. La sympathie chrétienne jointe à ce sens des évolutions opportunes qui la conduit à admettre ce qu'elle juge inévitable la poussaient à ne pas combattre la liberté grecque; elle souhaitait seulement que cette liberté fut acquise au moindre dommage de la Turquie en Europe.

Dans cette divergence le Cabinet des Tuileries discerne l'occasion d'une action pacifique. Il sait que le danger de guerre générale réside tout entier dans l'antagonisme des Russes et des Anglais et que les Autrichiens ne s'emporteront pas, se sachant seuls, dans une aventure grosse de risques mortels.

Qu'on enchaîne les premiers, l'un à l'autre, par une « étreinte amicale » et le péril est écarté. Conception diplomatique heureuse, acceptée de Londres pour réfréner le prosélytisme orthodoxe et impérialiste russe et de Pétersbourg pour prévenir les effets de l'inimitié britannique. Elle fait honneur au ministre qui en eût la pensée et qui lui donna corps. Sans ce pacte qui les gênait et les rassurait, le Royaume-Uni et l'Empire des Tzars en seraient promptement venus à une lutte armée.

L'expédition de Morée qui en résulte, assure l'indépendance de la Grèce sans trop amoindrir l'Empire ottoman. La guerre russo-turque reste limitée; l'accord de la Russie et de la Grande Bretagne, réalisé et maintenu, non sans peine par la France est « la plus sûre garantie du repos du monde [1]. » Notre diplomatie a maintenu la paix. A-t-elle abandonné ses buts particuliers. Point.

*
* *

Le traité de Londres aide le Tzar à conserver sa liberté d'action. Mais le lien est fragile. A voir le Cabinet de Saint-James essayer de le relâcher on peut redouter de lui une défection. Nicolas sait qu'alors il passera dans le camp de l'Autriche pour lui imposer, à deux, une médiation dont il ne veut pas. Cette crainte n'est point imaginaire et Chateaubriand n'a pas tort de dénoncer la perfidie. Le bloc austro-britannique est une réalité admise et dont parlent tous les milieux politiques informés.

La Cour de Vienne croit la Russie engrenée dans une aventure « plus désastreuse, plus irréparable pour elle que ne l'a été pour Napoléon la retraite de Moscou ». Elle se dispose à entrer en campagne. Le prince de Hohenlohe, président du Conseil suprême de la guerre ne le veut pas taire à l'ambassadeur du Roi : « Nos 400.000 hommes pourraient être facilement portés à 600.000. Je ne compte pas ici la landwehr. Vous avouerez qu'avec une telle puissance militaire on est en état de se faire écouter et de mettre un poids dans la balance ». Et l'Empereur : « Je donne beaucoup de

1. « Personne ne peut nier que si l'alliance de Londres n'eut pas existé, la guerre d'Orient n'eût embrasé l'Europe entière. » *Instructions au prince de Polignac, ambassadeur à Londres*, février 1829. Affaires Étrangères, *Angleterre*. Correspondance générale, t. 626.

soins à mon armée. J'ai remonté ma cavalerie, et, encore tous les jours, je fais venir des chevaux de Bessarabie ». Déjà, le Chancelier se remémore les adresses, équivoques, artifices qui lui permirent, sous le masque du médiateur, d'engluer l'Empereur des Français. Il songe à dicter les conditions de la paix, voire à remanier la carte.

La Russie mettait sa confiance en la France, se répétant que Metternich regarderait à soutenir une guerre sur les frontières orientales de la monarchie, celle-ci étant elle-même si vulnérable en Italie. Ce concours qu'il escomptait de nous, en cas d'une intervention conjuguée de l'Autriche et de la Grande-Bretagne, le Tzar ne l'a jamais réclamé. Il affecte de le tenir pour certain : « Savez-vous, demande-t-il, à Mortemart, ce que c'est que le mouvement de la flotte anglaise en Méditerranée? Que pourraient-ils faire? J'ai dix vaisseaux dans cette mer. Vos forces, de combien sont-elles? Nous serions en mesure de lutter contre eux et une surprise serait même impossible. »

La France ne souffrira pas qu'une pression étrangère soit exercée sur Nicolas. Notre ambassadeur ne cesse de lui répéter qu'il faut battre les Turcs à fond. Il lui expose « les avantages des moyens énergiques dans la position » où le mettent les dispositions des Puissances rivales. Pour vaincre « les malveillants et les jaloux » il lui promet notre appui. Il y est autorisé. Il a reçu comme instruction de faire connaître solennellement à l'Empereur l'intention qu'a Charles X « de n'entrer dans aucune combinaison politique qui pourrait être dirigée contre la Russie ». Le Roi est profondément attaché à la paix. S'il devait jamais « entrer dans la lice, l'honneur seul pourrait l'y déterminer; mais les relations de bonne intelligence et d'affection qui sont entre les deux Cours, n'en feraient pas moins la règle de sa conduite »[1].

Tout de même, le gouvernement français est moins désintéressé qu'il ne juge expédient de le paraître. La moindre ambition qu'il laisserait deviner réveillerait tous les soupçons. Sa seule chance de réussir est, non de proposer son appui, mais d'attendre qu'on le lui demande. L'alliance de la Cour des Tuileries avec celle de Pétersbourg ne peut être formée que dans le cadre des traités de 1815 et pour la sauvegarde de ces traités. A la Russie de prendre l'initiative. Pour lui plaire nous devons ne montrer que le souci de sa grandeur : « Continuez, lui disons-nous, de vous battre; votre prestige exige que la Turquie soit vaincue. » Nous nous gardons d'ajouter : « Nous nous réjouirons de votre victoire parce qu'elle sera aussi la nôtre. Plus elle sera complète, plus elle sera à notre gré, car elle ouvrira de larges perspectives à des remaniements dont nous pourrons profiter. » Nous affectons même de vouloir prévenir la situation qui favoriserait nos espoirs. Si nous conseillons à Nicolas Ier d'arrêter les progrès de ses armées avant que l'Europe ne puisse être bouleversée, comment nous accuserait-il de souhaiter en secret ce bouleversement? Nos conseils de retenue rassureront l'Europe et seront agréables à l'Empereur lui-même qui nous jugera attachés à sa cause loyalement et sans arrière-pensée personnelle. Nous savons bien d'ailleurs qu'ils n'agiront pas sur les événements; que le souverain à qui nous les adressons, convaincu qu'il peut compter,

1. Nettement rapporte ce propos de Charles X : « Si l'Empereur Nicolas attaque l'Autriche, je me tiendrai en mesure et je me réglerai selon les circonstances; mais si l'Autriche l'attaque, je ferai marcher immédiatement contre elle. » *Histoire de la Restauration*, VIII, p. 308.

en tout état de cause, sur l'appui de la France, ne se réglera que d'après ses intérêts. Nous affirmons sans cesse notre confiance dans la modération du Tzar victorieux, sans la souhaiter vraiment. La Prusse, qui désirait sincèrement cette modération, ne demandait point que des victoires trop belles vinssent la mettre à l'épreuve : elle craignait, n'étant pas en mesure d'en profiter, une perturbation générale dont le Cabinet des Tuileries, tout au rebours, supputait des avantages, en vue desquels il n'aurait dû assumer aucune responsabilité dangereuse. Politique circonspecte, non sans machiavélisme, au sens le moins péjoratif du mot, où la morale se plie aux nécessités de la diplomatie, et grâce à laquelle nos hommes d'État pouvaient suivre « leur secrète inclination, sans inquiéter l'Europe ni troubler leur propre conscience. »

Nicolas, convaincu par notre langage qu'en cas d'attaque il trouverait en nous des auxiliaires, ne céda pas devant les armements et l'outrecuidance de la Cour de Vienne. Au contraire, prit-il une contenance « hautaine, orgueilleuse, exigeante ». Il réclama des explications qui firent passer Metternich de « l'arrogance à d'humbles justifications » La France, en procurant à la Russie ce triomphe, se persuade avoir bien mérité d'elle et avoir engagé sa gratitude. Jusqu'ici nous avançons, avec lenteur et précaution, mais continuement, dans la voie indiquée par Richelieu et frayée par Chateaubriand.

L'ALLIANCE PRUSSIENNE

L'alliance de la Russie ne nous suffit pas. Le concours de la Prusse semble indispensable pour assurer à la première en guerre avec la Turquie une barrière efficace contre la jalousie austro-britannique, pour supprimer l'obstacle à nos agrandissements. Dans cette recherche la politique de la Restauration montre, avec plus d'évidence que nulle part ailleurs, sa contradiction profonde. Rien de plus bénin, de plus émollient que le langage tenu à Berlin par nos diplomates. Constatant que tous les procédés de la Prusse à notre égard ont « un caractère prononcé d'aigreur et de malveillance », ils sont convaincus que c'est la crainte et la timidité plus que la haine qui déterminent son attitude. Elle n'a d'une grande Puissance que le nom : c'est par courtoisie qu'on le lui accorde. Au vrai, elle est faible et se connaît telle. La France lui est une voisine formidable [1]. « L'intérêt bien entendu doit lui inspirer le désir d'établir avec nous des rapports d'intimité et ses souvenirs doivent lui rappeler les profits qu'elle en tira autrefois. Mais gênée par sa situation géographique, elle ne sait pas se livrer franchement à des senti-

1. « On conçoit que ce qui l'inquiète c'est la contiguité de nos frontières avec un pays qui lui appartient aujourd'hui; que la France a possédé et où elle paraît avoir laissé des souvenirs qui importunent son nouveau possesseur ». — Instructions au comte de Rayneval. AFFAIRES ETRANGÈRES. *Prusse;* Correspondance générale, t. 262.

ments que nous ne demanderions pas mieux de nourrir par de bons offices.

Pour la ramener à ces sentiments de bienveillance que nous lui portons « il nous faut la rassurer, la convaincre que nous ne lui gardons pas rancune des agrandissements qu'elle a été contrainte d'accepter sur le Rhin ». Nos ministres n'épargneront rien pour lui inspirer « des idées exactes sur nos dispositions »; ils feront tout « pour dissiper ses inquiétudes ». Ils lui répéteront que « la France satisfaite d'avoir retrouvé ses anciennes et heureuses proportions... n'est occupée que du souci de perfectionner son administration intérieure ... qu'elle sent le prix de la paix et qu'elle se fait une loi de maintenir le système politique consacré par les derniers traités. Montmorency qui donnait ces instructions partageait, en secret, le sentiment de Chateaubriand sur la nécessité pour la France de se couvrir par le Rhin. Rayneval qui était chargé de les remplir, était plus profondément encore attaché à la politique des frontières naturelles. Si notre langage officiel avait exprimé le fond de notre pensée, nous nous serions réjouis de l'intimité qui, d'abord, et jusqu'en 1821, régnait entre Berlin et Vienne. Elle avait, en effet, pour fondement le maintien de l'ordre établi. Alors, le Cabinet prussien « demandait le repos le plus complet, le plus absolu ». Il voudrait « arrêter le cours des événements dans le monde entier ». Il envisage avec effroi « la perspective du moindre froissement dans les rapports internationaux ». S'il subit l'ascendant de l'Autriche, s'il en accepte presque la tutelle, c'est « qu'elle veut, — il le croit, — avant tout la conservation de la paix générale, qu'elle redoute tout changement, toute commotion, tout désordre ».

Telle apathie ne saurait nous convenir. Nous avons hâte de voir Frédéric-Guillaume s'affranchir de l'influence de la Hofburg. Les ministres de la Restauration n'ont pas toujours prévu les conséquences de leurs actes ou la portée de leurs desseins. Tout entiers à leur lutte contre l'Autriche, assidus à lui susciter des adversaires, ils ont tendu, — quelques-uns, sans doute, à leur insu, à bouleverser l'Europe. Autre ne pouvait être la conclusion du rapprochement qu'ils cherchaient avec la Prusse : tout accord avec cet État ne saurait être qu'un pacte d'agrandissement mutuel. Nous ne l'ignorions pas. Vergennes, un demi-siècle plus tôt, l'avait proclamé. Nous discernons très clairement la condition essentielle du revirement que nous souhaitons : « Il faudrait que les idées d'ambition se réveillassent dans le Cabinet de Berlin. » Car nous ne nourrissons aucune illusion sur l'insatiable avidité d'une Puissance « toujours armée, toujours prête à saisir une occasion d'agrandissement ou d'intervention ». C'est pour elle un besoin de chercher à se donner ce qui lui manque en limites, en population, en richesse et de se mettre au niveau des grandes monarchies qui l'entourent. De là cette inquiète activité où elle se meut et s'agite en vue d'acquérir et de chercher partout des compensations. Et, tout de même, en dépit de ces prémisses, nous affrontons les conséquences qui en dérivent [1].

1. « Cette conformation géographique donnée par les traités de Vienne à la Prusse semble lui défendre d'adopter un système stationnaire. Elle est une Puissance incomplète, formée de parties détachées. Sa forme trop étendue manque de consistance; ses frontières n'ont pas de défenses naturelles... La Prusse enfin a pour voisins les Etats les plus redoutables de l'Europe, la Russie, la France, l'Autriche. Pour se défendre du danger d'une pareille position... ses premiers rois se sont créé des moyens factices par l'entretien d'une armée disproportionnée et par des impôts accablants... Les successeurs de Frédéric-

L'attrait que présente pour nous l'alliance prussienne mesure nos oscillations entre la politique de conservation et la politique d'annexion. Quand la Restauration, après la chute de Chateaubriand se détourne, pour un temps, des ambitions extérieures et s'absorbe avec Villèle dans la recherche exclusive de la prospérité économique et financière cette alliance lui paraît moins précieuse. Les instructions que le vicomte de Saint-Priest reçoit, le 19 octobre 1825, diffèrent singulièrement de celles qui avaient été données à Rayneval. Il n'a point à rechercher ni seulement à préparer « un accord spécial » qui serait « d'un faible secours ». Il se bornera à déclarer que la France « désire le maintien du repos général » et qu' « unie à la Prusse par les mêmes liens qui la rattachent à la Sainte-Alliance, elle est parfaitement disposée à faire tout ce qui peut les resserrer. »

Cette indifférence du Cabinet des Tuileries à l'égard de celui de Berlin, quand il ne caresse aucun espoir de changement, atteste sa pensée cachée quand il en vient à poursuivre avec lui un étroit accord, ainsi qu'il en est pendant la guerre russo-turque. Beau-père de Nicolas Ier, et très attaché à son gendre, Frédéric-Guillaume avait fini par imposer ses sympathies personnelles à ses ministres qui n'avaient voulu voir dans la question grecque autre chose « que démocratie et révolution ». Dès 1828 les sentiments du gouvernement prussien « renfermés dans les limites assez larges de la neutralité » paraissent au comte d'Agoult « plus russes qu'anglais et autrichiens ».

le-Grand ont présenté cette maxime, appuyée de ses exemples, qu'ils doivent toujours être prêts par un trésor et une grande armée disponibles à faire, en tout temps, à chaque instant, une guerre courte et vive. » Instructions au duc de Laval.

Au début de 1829, le Chancelier Bernstorff s'en expliquait sans plus de détours : « Le Tzar, déclare-t-il à notre représentant, peut compter sur notre appui moral et sur notre concours dans le cas de fâcheuses combinaisons. » C'était précisément le langage tenu par le roi de France : « Nous mettons beaucoup de prix aux relations que la pureté des dispositions du comte Bernstorff et une grande analogie dans notre position politique établissent naturellement entre les deux Cours. Il ne tiendra pas à nous qu'elles ne deviennent de plus en plus intimes [1]. » Le duc de Mortemart est l'interprète fidèle de son gouvernement quand il demande au roi de Prusse « de donner la main droite à la France et la gauche à la Russie » [2]. A Pétersbourg on sourit à cette triple entente. M. de Tatischeff, ambassadeur de Nicolas à Vienne, exprime au duc de Laval son espoir de la voir promptement conclue et agissante : « Que pourrait faire l'Autriche, si la Prusse est solidement, étroitement liée à la fortune de la Russie et si la France continue à marcher d'accord avec nous? » [3].

Cette politique n'est pas la fantaisie éphémère d'un ministre. Elle a la sanction de Charles X lui-même. Le ministre de Frédéric-Guillaume à Paris avait confié à La Ferronays une lettre du comte Bernstorff très significative. Le Secrétaire d'État, convaincu de la « sincérité » prussienne, se hâta de la mettre sous les yeux du Roi en exprimant l'avis que nous devions « travailler à nous rapprocher de la Cour de Prusse ». L'assentiment royal qui nous est parvenu directement, sous la forme

1. La Ferronays à Agoult, novembre 1828. AFFAIRES ETRANGÈRES. *Prusse;* Correspondance générale, t. 271.
2. 10 février 1829.
3. Dépêche de Laval, 30 octobre 1828.

d'une note manuscrite, ne se fit point attendre : « Remerciez M. de Werther de sa communication et faites-lui bien sentir combien il est important que nous restions unis avec sa Cour pour maintenir la paix en Europe et pour contrarier les intrigues du prince de Metternich qui brouillerait tout pour reprendre le dessus en politique » [1]. Sa Majesté Très Chrétienne sait ce qu'il en coûtera : « Le Cabinet de Berlin ne prendra parti pour la Russie qu'autant qu'il verra la chance d'un gain positif, tel qu'un accroissement de territoire [2]. » Il n'importe. Entre la France et la Prusse, l'une et l'autre maîtresses de leur action, un pacte de bénéfices réciproques peut et doit être scellé. Tous les bruits recueillis par nos agents témoignent que l'Europe entière concevait ainsi le plan français : ou la guerre russo-turque se compliquera par une intervention austro-britannique et, en cette conjoncture, la France et la Prusse, unies d'abord dans une neutralité bienveillante, se rangeront, à leur tour, pour « une guerre courte et vive », aux côtés de la Russie; ou celle-ci, suffisamment couverte par l'égide franco-prussienne, viendra seule à bout de la Sublime Porte; et dans l'une et l'autre hypothèse la conséquence est considérée comme inéluctable. La carte des États sera remaniée : la France obtiendra les satisfactions auxquelles elle aspire sur le Rhin, tandis que ses deux alliées se serviront l'une en Orient, l'autre en Saxe et éventuellement en Bohême [3].

A ces espoirs français, dont il n'avait pas reçu

1. Ce billet est signé C. Il est du 25 décembre 1828. AFFAIRES ÉTRANGÈRES. *Prusse;* Correspondance générale, t. 271.

2. Instructions pour le comte d'Agout, 13 avril 1828.

3. Munich, 14 avril, 12 juin, 30 novembre 1828. AFFAIRES ÉTRANGÈRES. *Bavière;* Correspondance générale, t. 197 et 198.

confidence mais qu'il ne pouvait ignorer, quel accueil pouvait faire le gouvernement prussien? Eprouvait-il pour nos desseins trop faciles à pénétrer, la sympathie que nous lui supposions. Nos buts et les siens concordaient-ils? On en jugera exactement lorsqu'on aura, d'abord, dégagé et compris ses visées particulières.

LE ZOLLVEREIN

Si l'on embrasse d'une vue d'ensemble la politique qui, pendant les dernières années de la Restauration, a permis à la Prusse de jeter, sous couleur de ligues commerciales, le fondement de son hégémonie sur l'Allemagne, on voit clairement qu'il s'agit d'une véritable croisade contre l'ordre de choses établi par les traités de Vienne. Metternich avait irrité tout le monde : les gouvernements par l'arrogance de sa domination, les peuples par sa haine active de toute liberté. Les aspirations vers l'unité n'avaient pas cessé de travailler profondément la jeunesse des Universités allemandes.

Le Cabinet de Berlin avait, au lendemain de 1815. cherché à les utiliser pour accomplir son dessein politique. Sa tentative était prématurée; il avait dû y renoncer pour ne pas compromettre sa tranquillité intérieure. Affermi maintenant, il pouvait s'aider pour sa propagande au dehors de cette force libérale qui avait cessé d'être dangereuse au dedans. Fidèle à sa tradition constante, il exploitera chez autrui des sentiments qu'il n'éprouve guère : ainsi Frédéric II faisait-il servir à la grandeur de sa monarchie jésuites et philosophes.

Réactionnaire et particulariste, la Prusse du XIXe siècle se posera en champion du libéralisme et du patriotisme allemand. Contre « le système obstinément stationnaire » de la Cour de Vienne nous la voyons dresser un système « progressif », mieux adapté « aux idées et aux besoins de l'époque actuelle » [1]. En contraste avec l'Autriche égoïste et hautaine, elle se montre attentive à servir les intérêts et à ménager les amours-propres. Elle s'efforce de faire oublier la réputation de rapacité qu'elle s'était acquise; de prouver que « sa politique ne se porte plus, ainsi qu'autrefois, à arracher des territoires, mais à faire des conquêtes toutes pacifiques qui résultent du développement de l'industrie, du commerce et de toutes les institutions qui s'y rapportent ». Par l'accord qu'elle établit entre leurs aspirations et son mouvement elle « rassure de tous côtés » les petits États et leur instille, pour ainsi dire, son influence. Le Zollverein est l'application de ces principes.

L'ancien empire germanique formait une unité économique : les marchandises circulaient en franchise à travers toute l'Allemagne. Seule la masse compacte des provinces héréditaires des Habsbourgs était entourée d'une barrière protectionniste. Les remaniements opérés par Napoléon apportèrent aux Princes une souveraineté plus entière dont ils avaient bien vite usé pour se procurer des ressources en établissant, à leurs frontières, des droits. Ceux-ci ne parurent pas intolérables tant que la guerre ne permettait au commerce qu'un médiocre développement. Mais aussitôt la paix rétablie, la nécessité éclata de supprimer des entraves multipliées qui, isolant les petits États allemands et les empêchant de former un tout organique, laissaient chacun d'eux ouvert à l'invasion des importations britanniques en objets fabriqués.

1. Rumigny à Polignac, Munich, 26 janvier 1829. AFFAIRES ETRANGÈRES. *Bavière;* Correspondance générale, t. 198.

L'article 19 de la nouvelle constitution invitait les Confédérés à s'entendre pour faciliter entre eux les échanges. Dans un congrès tenu en 1820, à Vienne, Metternich s'était prononcé pour l'abolition pure et simple des douanes intérieures. Attitude fallacieuse qui cachait mal une persistante arrière-pensée de prépotence. Les souverains se gardèrent bien de se prêter à une manœuvre qui eût, à la fois, tari leurs ressources et consommé leur asservissement. La Prusse, non moins autoritaire, réputée pour son inexorable fiscalité, montra plus d'adresse et s'achemina par étapes à son but. Contente de voir échouer l'établissement immédiat d'une unité économique où elle-même eût été absorbée, elle entreprit d'étendre, de proche en proche, à l'Allemagne son propre système. A ce dessein elle commença par le constituer chez elle solidement. Une loi du 26 mars 1818 supprima entre les différentes provinces soumises à l'autorité de Frédéric-Guillaume toutes les douanes. Des tarifs, d'ailleurs relativement modérés, protégèrent l'industrie nationale. Après quoi le Cabinet de Berlin, sachant que « les pays qui séparaient ses possessions éparses » ne pourraient échapper longtemps à son étreinte, attendit l'occasion. La France la lui donna.

*
* *

En 1822, le gouvernement de la Restauration, sous l'influence des grands propriétaires fonciers, promulguait des taxes prohibitives, dont l'effet devait être d'écarter les bestiaux et les laines de l'Allemagne méridionale. Celle-ci se chercha des moyens de défense. Les événements politiques vinrent les lui faciliter. La Bavière et le Wurtemberg avaient vécu jusqu'alors en mésintelligence. La mort de Maximilien Joseph, en 1825, donna la couronne à son fils Louis qui, prince royal, rêvait déjà d'établir « une union parfaite » entre tous les petits États germaniques, afin « en leur donnant une masse imposante de les mettre à couvert des projets ambitieux de l'Autriche ». A Stuttgart, le Roi, « mû par la volonté persévérante de satisfaire un désir ardent de vengeance contre la Cour de Vienne et principalement contre le prince de Metternich », ne devait pas longtemps se faire prier [1]. Les deux souverains, résolus à terminer l'inimitié qui avait séparé leurs États, s'entendirent pour régler d'abord leurs relations commerciales. Un accord fut signé, le 3 avril 1827, et ratifié, le 18 janvier suivant. Un nouveau noyau d'organisation était constitué dans le chaos germanique : l'Association du Midi avait pris corps.

La Prusse en fut piquée et stimulée. Elle n'avait jusqu'alors gagné à son système qu'un adhérent, le prince de Schwazburg-Sunderhausen. Le 12 février 1828, elle forme avec le grand-duché de Hesse l'Association du Nord. Elle découvre maintenant ses projets : ils embrassent l'Allemagne entière. Elle cherche à entraîner l'Electeur de Hesse, le duc de Nassau, la ville libre de Francfort, le grand-duc de Bade. Qu'elle réussisse et force sera au groupe rival, enveloppé de toutes parts, de se réunir à celui dont elle est la tête.

Le succès ne couronna pas cette offensive menée grand train. Bien qu'il fut « prussien de cœur et d'âme, par habitude, par reconnaissance et par intérêt personnel », le grand-duc de Bade ne mé-

1. Le comte d'Agoult à Polignac, Berlin, 21 septembre 1829. AFFAIRES ETRANGÈRES. *Prusse;* Correspondance générale, t. 272.

connaissait pas les besoins de son peuple : il devait le plus clair de ses revenus à la fraude dont ses États étaient le centre grâce à leur situation et à leur indépendance douanière. Il éluda la proposition [1].

Le Cabinet de Berlin, n'ayant pu imposer sa loi, se décida à rechercher un accord. Les circonstances s'y prêtaient. C'était contre l'Autriche que s'étaient unis la Bavière et le Wurtemberg; mais leurs prétentions dépassaient leurs moyens. Metternich qui ménageait la Prusse n'avait pas renoncé aux procédés d'intimidation à l'égard des Cours secondaires. Ses agents répétaient qu'il était « décidé à frapper un grand coup, s'il le fallait, et, alors, gare aux petits et aux turbulents! [2] » Louis et Guillaume se savaient menacés en première ligne. D'ailleurs la médiocre étendue de leurs territoires ne leur permettait pas de se suffire économiquement. Leur sûreté et leur prospérité exigeait leur adhésion à un système plus vaste. Ils s'y rangèrent bientôt et signèrent, le 25 juillet 1829, le traité que leur offrait la Prusse.

Celle-ci avait fait un pas décisif. Ensemble l'Association du Nord et celle du Midi embrassaient virtuellement l'Allemagne. De toutes parts affluèrent les concours. Notre ministre à Munich signale que Frédéric-Guillaume a conclu, en ces premiers jours d'octobre 1829, avec les ducs de Saxe-Meiningen et de Saxe-Cobourg-Gotha une convention pour « établir une route commerciale entre la Prusse et la Bavière, qui lie entre elles les provinces prussiennes du Rhin, les pays de Hesse-

1. Le comte d'Agoult à Polignac; 21 septembre 1829. AFFAIRES ETRANGÈRES. *Prusse*. Correspondance générale, t. 272.

2. Rumigny à Polignac, Munich, 28 avril 1829. AFFAIRES ETRANGÈRES. *Bavière*. Correspondance générale, t. 198.

Darmstadt, du Wurtemberg, de la Bavière et les provinces prussiennes de l'Est ». Le plan, conçu à Berlin, se développait. Enserrés dans les mailles du filet, les États qui résistaient encore céderaient, chacun à son tour. « On isolera Bade; on l'enfermera dans une circonvallation douanière qui gênera son commerce et on finira par le mettre dans la nécessité de solliciter lui-même son admission dans la Ligue à laquelle il n'avait pas voulu coopérer [1]. » Dès l'année suivante, la prédiction était en voie d'accomplissement : des plénipotentiaires étaient nommés pour entrer en négociations : la capitulation du Grand-Duc n'était plus qu'affaire de protocole.

*
* *

Quelques autres États demeuraient à l'écart : Hanovre, Saxe, Hesse-Cassel, Oldenbourg, Brunswick, Nassau, Brême et Francfort. Pour ne pas être étouffés par les progrès du système prussien, ils s'étaient groupés et ils avaient, le 24 septembre 1828, constitué l'Association centrale. Contre cette intruse l'attaque n'est pas longtemps suspendue. Elle consiste à exploiter à fond les avantages acquis. Les moyens de coercition sont sous la main. Par sa position géographique la Saxe du XVIIIe siècle, ouverte sur le Brandebourg, était à la discrétion de la Prusse. Celle-ci depuis les traités de 1815 la cerne et, si l'on peut dire, l'envahit. D'autre part, la complicité du prince de Schwarzburg permet aux douanes prussiennes de la couper en deux parties égales : ou son commerce s'y soumettra ou il sera tenu à des détours très préjudiciables. Par cette contrainte on ne peut manquer

1. Munich, 28 mars 1829.

d'avoir rapidement à merci la Cour de Dresde et avec elle tous les autres récalcitrants.

Le dessein politique se laissait entrevoir au travers des tractations économiques : « En portant la gêne et le malaise dans l'industrie et le négoce des Saxons cette tactique, constate le comte d'Agoult qui en a, de Berlin, très bien pénétré les mobiles, cette tactique tend à dégoûter les sujets de la domination morcelée de leurs Princes. Les classes élevées de la société se familiarisent, tous les jours davantage, avec l'idée d'une réunion à la Prusse ». A distance, ce diplomate clairvoyant et attentif discernait « un parti prussien qui désirait plutôt appartenir à un grand État que rester sous la domination d'un gouvernement incapable de se défendre contre une agression étrangère ».

A Dresde, son collègue, considérant les choses de plus près, n'en était que plus pessimiste. Un parti? Non, la population, presque tout entière. On assignait pour date à cette annexion le temps où surviendrait la mort de Frédéric-Auguste. Aussi, le 5 mai 1827, à la nouvelle qu'il avait expiré, quelle surprise de ne pas voir les bataillons prussiens prendre possession du pays. Un quart de la population de Leipzig s'était porté sur la route de Halle au-devant eux : « Pas un bourgeois, écrit le ministre de France, pas un employé, civil ou militaire, n'a admis la possibilité, encore moins la volonté de résister... Pareils sont les sentiments des notabilités et des principaux personnages... Je ne sais si je ne me trompe; mais je crois pouvoir assurer que, dans le premier moment, si la Prusse l'eût voulu, le pays et l'armée se seraient soumis, sans qu'il y eût coup à férir... » De l'avis de tous, « il serait moins humiliant pour la Saxe de former la plus belle portion d'une monarchie comme la

Prusse que de figurer sur la carte comme le plus petit royaume de l'Europe... C'est un peuple dont il n'y a plus rien à espérer »[1].

Le roi, inquiet, repoussait un arrangement commercial qui, « introduisant dans son peuple les lois et les habitudes prussiennes » eût facilité en la préparant sa sujétion, sinon la perte de sa souveraineté, ou plutôt qui la consommerait avant la lettre. Sûr de sa victoire prochaine, Berlin se contentait d'alourdir sa pression économique. A l'automne de 1829, complétant ses précédents accords, on le voit établir une grande voie de communication entre le Brandebourg et les États du sud et de l'est bavarois par Lichtenfeld et les duchés de Saxe, au grand dommage de la Saxe royale. Les manufactures de celle-ci ont perdu leur débouché; les foires de Leipzig leur clientèle.

Antoine Ier sent l'inutilité de sa résistance. Il en discerne les périls. Ses sujets souffrent dans leurs affaires qui déclinent. Leur mécontentement ne va-t-il pas les lui aliéner et les entraîner irrésistiblement du côté où déjà ils penchent. Faisant céder alors les préoccupations politiques aux intérêts immédiats du commerce, il se déclara prêt à traiter avec la Prusse. Après cela, si l'Association centrale subsiste, c'est qu'à Berlin on se refuse à signer avec elle une charte où elle figurerait en égale. On préfère attendre la capitulation séparée de chacun de ses membres.

*
* *

Ainsi en venait-on à la constitution d'un Zollverein général. Dans l'union qui s'était faite entre l'Association du Nord et l'Association du Midi, les

1. Affaires Etrangères. *Saxe;* Correspondance générale, tomes 92 93, 94, 95, *passim.*

apparences seules de l'égalité avaient été conservées. En réalité, la Prusse, à raison de sa masse plus pesante et de sa volonté mieux affirmée, exerçait la prépotence. Sans doute, soucieuse de ménager sa popularité et de l'accroître, elle se montrait dans les questions secondaires complaisante avec ses associés, mais pour la solution des problèmes d'importance, elle savait, abandonnant toute rigueur, sous des dehors courtois, imposer sa manière de voir. Elle habituait les gouvernements étrangers à l'entendre parler au nom de l'Allemagne, dirigeait des négociations avec la Suisse et avec le Piémont. Le comte d'Agoult le constate, son hégémonie a supplanté celle de l'Autriche. Elle a privé celle-ci de « tous les avantages que lui donnaient d'anciennes traditions »; elle lui a ravi « son crédit et ses partisans ». Comme symptôme de cette suprématie nouvelle cet observateur excellent signalait finement « les soins, les attentions, la recherche extrême des agents diplomatiques allemands pour quiconque est prussien ». Il ne se trompait pas en affirmant que la Prusse avait obtenu le plus éclatant succès : n'est-elle pas, en effet, à la tête d'une confédération de vingt millions d'habitants unis par le même langage, des mœurs semblables et des besoins uniformes, auxquels ils tâchent de satisfaire par des spéculations commerciales et industrielles basées sur des principes analogues »? En six semaines elle peut mobiliser et concentrer trois cent mille hommes bien instruits et bien encadrés. Pour achever l'œuvre il ne faut plus que l'audace d'un homme d'État vigoureux, prompt à saisir l'occasion et, au besoin, à la provoquer sans scrupule. Mais l'épure est bonne, la méthode fixée, l'instrument forgé et Bismarck est déjà né.

L'ALLIANCE BAVAROISE

Dès l'origine, le Cabinet des Tuileries a été admirablement renseigné sur le plan prussien. De Berlin, Agoult, de Munich, le comte de Rumigny, et, avant lui, M. Allaye de Ciprey n'ont pas cessé dans des dépêches nombreuses et pertinentes d'instruire les ministres successifs de ce qui se passait. Avec une fermeté, avec une continuité émouvantes ils ont jeté l'alarme, dénoncé le péril, suggéré les moyens d'y parer. Leur correspondance fait irrésistiblement penser aux rapports du colonel Stoffel, notre attaché militaire auprès de Guillaume Ier pendant les dernières années du Second Empire, et à ceux de Rothan dans le même temps. Ils ont aperçu et signalé les débuts de l'entreprise dont les informateurs de Napoléon III devaient voir l'accomplissement. Les avertissements des uns n'ont pas été plus utiles que ceux des autres. En ceux-là aussi bien qu'en ceux-ci, — dont le mérite de discernement est peut-être moins grand, car ils écrivent après Sadowa — se rencontre la même netteté d'affirmation sur l'ampleur du dessein et la ténacité à le vouloir parfaire. « Comme autrefois Rome, écrit Rumigny, la Prusse a un système tracé d'avance qu'elle suspend quelquefois, mais qu'elle ne perd jamais de vue ». Pour ce même ministre commence « une ère nouvelle qui ne peut manquer d'avoir la plus grande influence non seulement dans les relations commerciales mais aussi dans les relations politiques de l'Allemagne. Pour celle-ci, c'est, après la réformation religieuse, un des événements les plus importants, s'il est conduit à bonne fin, comme tout permet de le croire; car il est indubitable que la Prusse va embrasser dans un vaste réseau, formé par cette alliance du Nord avec le Sud, tous les États intermédiaires... et cette Puissance exercera sur ses associés une prépondérance qui surpassera tout ce qui a existé dans ce genre jusqu'à ce jour et tout ce qu'il est possible d'imaginer. »

*
* *

Une alternative s'offrait à notre choix : nous pouvions tenter d'anéantir en Allemagne le mouvement d'émancipation et de concentration économique que n'avait pas, certes, suscité du néant la Prusse, mais de la direction duquel elle s'emparait pour l'utiliser à ses fins; nous pouvions, sans nous fourvoyer témérairement dans une partie si ardue, nous en tenir à disputer au Cabinet de Berlin la conduite de ce mouvement, et, sans rompre celui-ci, le contenir en lui accordant des satisfactions. Adopter le premier terme personne, aux Tuileries, non, personne, en vérité n'y songeait. Puisque nous ne voulions ni susciter la haine de l'Allemagne en combattant ses aspirations ni ranimer la force autrichienne, déclinante et néanmoins toujours exécrée, parce que, toute affaiblie qu'elle fut, elle n'abdiquait rien de sa morgue et de ses cupidités, il ne restait qu'à accueillir le vœu des Allemands unanimement soulevés contre l'oppression insolente de Vienne. Laissant la Prusse organiser en confédération, pour les y soustraire, les États du Nord, ne devions-nous pas pour le même objet grouper les États du Sud? Notre ministre à Munich en concevait le plan, dont il proposait l'adoption à son gouvernement.

Notre bienveillance se limiterait aux États du Centre et du Midi. La Saxe, trop diminuée en 1815 et ligotée, ne pouvait plus être l'agent d'une politique active. Mieux valait confier ce rôle à la Bavière, flanquée de ses proches voisins, Bade et Wurtemberg. Cette politique prétend s'autoriser d'abord de la tradition. La France ne s'était-elle pas, dès ses commencements, vouée à la protection des petits États et des libertés germaniques? Elle n'avait jamais quitté cette voie en ce qui regardait la Bavière, protégée par elle, à Teschen, contre les empiètements de Joseph II, érigée en royaume par Napoléon qui l'augmentait en provinces, en population et consistance en la rendant plus compacte. Ne nous servirons-nous pas de ce passé pour modeler l'avenir? Ensuite avec l'Association du Midi « une nouvelle Puissance » a surgi, apte à tenir en respect « le dualisme » qui, de la Hofburg ou de Postdam, régit l'Allemagne. Nous lui devons faveur et soutien. Par elle la France, si elle le veut, reconquerra, sous des formes nouvelles, son ancienne influence. Il semble que l'heure en soit sonnée. L'impatience des traités de 1815 a gagné tous les esprits en Europe. Soumis à la même loi arbitraire, ensemble brisons-en le joug. A cette fin Munich offre son alliance, son armée, ses trésors : « On m'a, affirme Rumigny, détaillé la force et le secret des réserves; on m'a mis dans la confidence de tous les rapports qu'on recevait sur les vues de l'Autriche contre nous, sur ses armements en Allemagne et en Italie...; on nous a formellement proposé d'entrer, à tout le moins, dans un traité de commerce qui contrebalancerait les idées de la Prusse et nous ramènerait avec de grands avantages dans l'intervention des affaires d'Allemagne. »

Nous avions, à Munich, affaire avec un Prince dont le cerveau était médiocre et le caractère sans élévation ni sûreté. Il avait témoigné envers ses bienfaiteurs, Louis XVI et Napoléon, une ingratitude de pleutre. Entré à Paris avec les Alliés, après avoir sottement déserté notre cause, en laquelle se confondaient la sienne et celle de son peuple, il avait enchéri sur les Prussiens pour les mutilations dont il s'agissait de nous accabler. Il avait été vil pour se faire pardonner d'avoir uni ses armes aux nôtres et pour garder les territoires dont nous l'avions rendu possesseur, et sa bassesse de cœur n'avait servi qu'à le montrer méprisable, plus odieux que ces mêmes Prussiens dont nous avions durement à Tilsitt, châtié l'agression de 1792 et la félonie de 1806.

Revenu humilié dans sa capitale, désormais « occupé à réunir des oiseaux rares et à soigner des chiens favoris », Maximilien avait abandonné tout le soin des affaires au comte de Rechberg, créature de Metternich. Mais il aimait les souvenirs, ceux du temps où il habitait, à Paris, le pavillon de Hanovre et, à Strasbourg, son bel hôtel de la rue Brulée, quand, sur le rapport de Vergennes, le Contrôleur Général payait ses dettes. Il se plaisait à en entretenir les ministres de France, se prévalant auprès d'eux d'avoir dissipé sa jeunesse avec le comte d'Artois dans les plaisirs et les fêtes; mêlant en d'interminables conversations la politique aux futilités; évoquant les modes de 1780 et la protection séculaire accordée par les Bourbons aux Wittelsbachs. Plusieurs de ces diplomates avaient pris au sérieux ces propos, assez pour y voir les promesses d'une alliance : le comte Aymé de Virieu s'était, en 1818, sur ce sujet, fait tancer par le duc de Richelieu et, quatre ans plus tard, les dépêches de Ségur ne le cèdent pas en naïveté et crédulité béate à celle du charmant ami de Lamartine. Rumigny lui-même s'est laissé gagner. Est-ce donc que depuis la mort de Maximilien en 1825 règne sur la Bavière un souverain à l'esprit et à la droiture duquel il soit permis de se mieux confier?

Louis Ier avait reçu, au baptême, en 1787, le nom chrétien du roi de France. Son père, — à qui Calonne venait, pour la deuxième ou troisième fois, de remettre plusieurs millions et que Vergennes, l'année précédente, avait marié, non sans incidents, avec la princesse de Saxe-Meiningen, — son père, à sa naissance, avait fait serment de l'élever dans les sentiments d'une reconnaissance éternelle, dont ensuite il ne lui avait guère donné l'exemple. Tant il y a que ce beau-frère d'Eugène de Beauharnais haïssait la France, que celle-ci fût royale, républicaine ou impériale. Les Universités allemandes s'étaient emparées de son âme facile à exalter. Affilié au Tugenbund, c'est lui qui, en 1813, avait déterminé la défection bavaroise. Monté sur le trône, son premier mouvement nous restait contraire et, en maintes circonstances son « teutonisme », l'emporta sur toutes autres considérations. Force était à Rumigny de le reconnaître : « il est tout Russe et tout Prussien ». Cependant son ambition pouvait nous le livrer.

*
* *

Dix jours avant la rencontre des nations à Leipzig, le 8 octobre 1813, Maximilien, décidé à abandonner l'alliance de la France et mettant au service de la coalition 36.000 hommes, s'était fait garantir par la convention de Ried la possession paisible de ses États tels qu'ils se trouvaient avoir été agrandis et constitués par les événements des vingt-cinq dernières années. Des clauses secrètes stipulaient qu'en cas de retour à l'Autriche des territoires qui avaient passé de sa souveraineté à celle de la Bavière, celle-ci obtiendrait des dédommagements « proportionnés » et composés de façon à former avec elle « un contigu complet et non interrompu ». Rassuré par cet arrangement le Roi avait, quarante-huit heures avant la bataille, déclaré la guerre à son alliée, et dirigé son contingent sous les ordres du général de Wrède sur le bas Mein pour couper à nos troupes leurs communications et la retraite. Encore que battus à Hanau, les Bavarois avaient pris une part active à la campagne de 1814 et figuré dans celle de 1815.

Ces services n'avaient pas obtenu la rémunération promise. La Cour de Munich avait dû subir des rétrocessions, compensées dans le Palatinat et en Franconie, et, par le traité du 14 avril 1816, renoncer au principe de contiguïté, perdant ainsi l'unité territoriale qu'elle avait acquise sous les auspices de la France. Pour la reconquérir elle serait volontiers revenue, pour un temps, à cette protection éprouvée. Encore qu'elle n'allât pas sans charges ni inquiétudes, l'association s'était avérée profitable. Maintenant qu'elle avait cessé, on se prenait à la regretter. Maximilien répétait qu'il n'avait accepté des territoires rhénans qu'avec l'intention de nous les rendre dès qu'il nous serait possible et que nous aurions la volonté de lui « procurer un équivalent ». Cet équivalent, on avait indiqué à Rumigny quel il devait être; c'est aux dépens de l'Autriche qu'il convient de le chercher : il faut « avec circonspection et mystère » nous montrer favorable à ce désir « de récupérer le pays de Salzbourg et le Tyrol dont la perte cause de vifs regrets à la nation ».

Le roi Louis est, au jugement de Rumigny, ardent, libéral, avide de nouveautés : ne l'a-t-on pas vu, en effet, s'unir au roi de Wurtemberg pour se soustraire au joug de la Cour de Vienne? Son rêve est d'étendre sur l'Allemagne méridionale l'influence de la Bavière ainsi que la Prusse a fait sur l'Allemagne septentrionale. Mais pour remplir un si grand dessein « il se sent isolé »; il cherche une aide : « c'est à nous de la lui offrir; son succès sera le nôtre ». En le secondant dans l'une et l'autre partie de ce programme nous rendrions, si nous nous y décidions, solide et stable une liaison avec lui[1].

*
* *

La gravité de la situation n'échappait pas à la Cour des Tuileries. Elle en aperçoit « toutes les conséquences ». En vain Berlin s'efforce de donner le change à l'opinion qui attribue un but politique à ses accords commerciaux. « Nous ne serons pas dupes. Il nous importe de prévenir de sa part un accroissement d'influence qui ne peut être qu'aux dépens des petits États et des nôtres ». Le projet de pacte entre l'Association du Nord et l'Association du Midi confirme ces craintes. A la première nouvelle qu'en donne Rumigny le gouvernement français prévoit et redoute « la prépondérance directe que la Prusse va acquérir sur le sud de

1. Rumigny à La Ferronays, Munich, 18 mars 1827. Affaires Étrangères. *Bavière.* Correspondance générale, t. 198.

l'Allemagne ». Mais cette perspicacité n'aboutit à aucune action. Bientôt même on se rassure. On conseille à Rumigny le sang-froid : l'accord prusso-bavarois n'est qu'un simple projet, de succès douteux et d'échéance lointaine. Sollicite-t-il néanmoins des instructions? On le laisse sans réponse ou bien on lui prescrit l'abstention: « Nous n'avons, pour le moment, ni à prendre part au plan prussien ni à nous efforcer d'y mettre obstacle; tout ce que le Roi vous recommande, c'est de continuer à en observer avec attention les progrès [1]. »

Une affaire est engagée sous nos yeux. De sa solution dépend notre sécurité, du moins on le pense. Et nous y assistons les bras croisés, abandonnant à d'autres le soin d'intervenir. Tantôt c'est l'Autriche qui, menacée dans ses ambitions germaniques, opposera une digue au flot, tantôt ce sont les petits États allemands qui, sensibles à la menace suspendue sur leur liberté, refuseront, au dernier moment, de se prêter à la combinaison prussienne.

Rumigny ne se lasse et ne se dépite point. « La Bavière nous offre les moyens d'empêcher une trop grande extension des vues de la Prusse, de tenir en bride et en inquiétude l'Autriche. » Il le demande : « Cela n'est-il pas assez important pour mériter une réponse? » Qu'il en soit donc selon son vœu; et c'est la notification d'un refus tranchant : « Nous ne pourrions entrer en négociations en vue d'arrangements commerciaux avec le midi de l'Allemagne qu'autant que les circonstances nous permettraient de modifier notre tarif de douanes. Comme il n'en est pas ainsi, c'est une

1. Dépêches des 14 mars, 8 et 16 avril, 2 mai 1828, 7 mai 1829. Affaires Étrangères. *Bavière.* Correspondance générale, t. 196, 197, 199.

négociation à laquelle il ne nous est, pour l'instant, pas possible de songer [1]. » Cette dépêche frappa de stupeur notre représentant; il n'en pouvait croire ses yeux : « Je me suis convaincu, écrivit-il à Paris, que je m'étais bien mal expliqué, car il est évident que j'ai été mal compris. Les objets dont mes rapports traitaient sont d'une nature trop grave pour que je ne sois pas excusé de les représenter encore une fois à votre attention [2]. »

Inutiles insistances et qui, à la fin, paraissent aux Tuileries si scabreuses qu'on décida de s'en expliquer mieux que jusque-là on n'avait fait. Nous laissons au Cabinet de Munich le soin du parti qu'il lui appartient de prendre dans les conjonctures où l'initiative de la Prusse l'a placé. Rien ne l'oblige « à sortir des limites du traité de commerce qu'il a passé avec cette Puissance pour adhérer à une Association qui le mettrait sous la subordination de Berlin ». En d'autres termes l'indépendance de la Bavière n'intéresse que les Bavarois. Inclinent-ils à l'aliéner au profit de la Prusse? Libre à eux. Sans chercher à diriger l'avenir nous récriminons sur le passé. Nous relevons « les sentiments d'inimitié dont le roi Louis s'était montré animé envers la France ». Nous ne comprenions pas « comment le même Prince qui, en 1815, remettait à l'Empereur d'Autriche un projet de partage de notre pays et qui, en montant sur le trône, annonçait encore des dispositions peu bienveillantes à notre égard, en avait changé sitôt et avait passé tout à coup des préventions les moins amicales aux protestations les plus affectueuses ». En conclusion « Sa Majesté

1. Portalis à Rumigny, 10 juin 1829.
2. 26 juin 1829.

poussée par de hautes considérations » avait estimé que « rien ne pressait » pour nouer avec la Bavière « une alliance formelle ». Dès lors Rumigny, blâmé pour un zèle jugé intempestif et présomptueux, est invité en termes sévères à plus de réserve. Deux ordres de motifs ont dicté cette conduite : les uns relèvent de l'économie nationale; les autres sont de l'ordre politique.

AU CARREFOUR

Le gouvernement de la Restauration, dominé par les grands propriétaires fonciers, s'enfermait dans un protectionnisme serré dont le tarif douanier de 1822 est l'irréfutable témoignage. Dans la Bavière, pays de culture et d'élevage, il voyait une concurrente dont il fallait écarter du marché intérieur les produits. Dès ce moment règne cet état d'esprit qu'exprimera, en 1849, le mot fameux de Bugeaud : « J'aime mieux, s'écriait le maréchal, agronome et soldat, cinquante mille Cosaques sur le Rhin que cinquante mille bœufs. » Les conséquences, incidences et contre-coups de ce système furent immenses. Le marquis de La Moussaye, ministre du Roi auprès de Maximilien, n'avait pas dissimulé ce qu'il en pensait : « Il indisposera les gouvernements et les peuples; il réveillera sur la rive droite du Rhin des souvenirs et des ressentiments mal éteints... ». Huit ans plus tard, la prévision de ce diplomate s'avérait sûre; et son successeur croyait pouvoir affirmer que le Grand-Duc de Bade aurait résisté à tout arrangement avec Berlin s'il lui avait été donné de former avec nous des relations de trafic et de négoce plus étendues [1]. A Paris, on en jugeait autrement. Le ministre des Affaires Étrangères

1. Avril 1822, 29 juin 1830. Affaires Etrangères. *Bavière;* Correspondance générale, t. 194 et 201.

se plaçait au-dessus des contingences extérieures et, dans un galimatias triple, dogmatisait lourdement des niaiseries : « Les combinaisons commerciales ne sont pas, selon lui, encore arrivées pour le continent européen au point où elles peuvent absorber et dépasser les grandes considérations politiques et nous sommes convaincus que ces combinaisons et les alliances qu'elles amènent seront longtemps encore regardées comme des objets d'intérêt secondaire ou comme la lutte de spéculations partielles et industrielles [1]. »

Cette incapacité à comprendre que ce sont des avantages économiques, espérés ou obtenus, qui nouent les alliances et les scellent fortement, était funeste. Elle empêcha d'admettre la nécessité des transactions dans un domaine pour réussir dans l'autre. La Cour des Tuileries prétendait résoudre les problèmes commerciaux pour eux-mêmes et, à l'encontre précisément de ses intentions, elle aboutissait, en fait, à asservir la politique à l'économique qui sont solidaires, sans prédominance de l'un sur l'autre. Que les ministres de Louis XVIII puis ceux de Charles X, s'ils avaient voulu modifier en faveur de la Bavière et de ses voisins les articles de notre tarif, eussent rencontré dans cette tâche les mêmes résistances opiniâtres qui, plus tard, arrêtèrent les ministres de Louis-Philippe, il est certain. Interprètes de l'intérêt national ils se fussent heurtés à « l'aristocratie des douanes ».

Si, au début de son ministère, M. de Polignac annonce que le « Roi peut, ainsi que ses augustes prédécesseurs, se montrer à l'Allemagne comme le

1. Polignac à Rumigny, 12 juin 1830. AFFAIRES ETRANGÈRES. *Bavière;* Correspondance générale, t. 201.

protecteur naturel des États secondaires »; s'il relève Rumigny du blâme dont il a été frappé par La Ferronays, il ne s'ensuit pas que soit adopté un plus large plan économique avec l'Allemagne du Sud. Les vues du Cabinet des Tuileries demeurent mesquines, ses démarches indécises, bientôt suspendues. Nous nous bornons à envisager « quelque arrangement commercial qui, sans régler tous les points à discuter, offrirait dès à présent des avantages aux deux pays ». Et sans doute croyons-nous avoir fait un grand pas en proposant de réduire les droits sur les bestiaux bavarois en échange d'une détaxe des vins français. Informant Rumigny, le 2 novembre 1829, de quelques ouvertures analogues faites au représentant du Wurtemberg à Paris en vue d'avantages à accorder à son pays, qui seraient rendus communs à la Bavière, « nous nous trouverions, écrivait Polignac, si nos espérances se réalisaient, replacés avec les États du midi de l'Allemagne dans une situation beaucoup plus convenable ». M. d'Armansberg peut, tant qu'il voudra, hausser les épaules, nous n'irons pas au delà. Deux mois sont à peine écoulés et nous déclarons que « créer avec la Bavière et par conséquent avec ses voisins tout un système commercial serait une entreprise trop vaste et soumise à trop de risques pour que nous puissions y penser encore [1]. »

1. Si on veut, disait le ministre bavarois, « établir des relations intimes et durables, il ne faut pas se borner à quelques concessions d'intérêt minime, telle que l'admission de quelques têtes d'animaux et de quelques pièces de vin, mais rechercher franchement et en grand ce que peuvent mutuellement s'offrir les deux parties et travailler ensuite à former pour le présent et pour l'avenir un système conforme à leurs intérêts réciproques et communs ». Rumigny à Polignac, 9 novembre 1829. Le prince de Polignac au comte de Caraman, Ministre du Roi en Saxe, 16 janvier 1830.

*
* *

Cependant « nous verrions avec satisfaction se former entre un certain nombre d'États une Union commerciale qui, propre à maintenir en eux des sentiments d'indépendance et à les tenir en garde contre l'ambition des Puissances prépondérantes de la Confédération peut amener dans la suite des combinaisons favorables à nos relations politiques avec l'Allemagne ». Par une telle ligue « nous sentons que nous pouvons faire renaître ces rapports de bienveillance et peut-être de protection que la France entretenait autrefois avec les États secondaires de l'Allemagne [2]. » L'Association centrale ne répondrait-elle pas à ce vœu? Le roi de Saxe, s'il n'en est pas le promoteur, en est la figure la plus considérable, « la partie première et essentielle ». Il est le parent de Charles X, plus proche même que les Bourbons d'Espagne ou de Naples. Si sa maison a conservé une couronne, c'est au dévouement de la France à la légitimité qu'il le doit. Les rapports qui subsistent entre les deux Cours, « fondés, de part et d'autre, sur des liens de famille et sur l'habitude, doivent l'être plus spécialement de la part de celle de Dresde sur des sentiments d'affection et de reconnaissance. Les Saxons ne sauraient oublier que c'est à notre intervention qu'ils doivent le maintien de leur indépendance et la conservation des provinces qui forment aujourd'hui l'ensemble de leur monarchie »: c'est ici que nous allons trouver notre point de résistance. C'était beaucoup préjuger de la Saxe et de la solidité du pacte douanier de Cassel.

Nos agents avaient été, dès l'origine, à l'exception de M. de Cabre, notre représentant en Hesse

Electorale, unanimes à en dénoncer la précarité et à en prédire l'inévitable dissolution. Peu de semaines après l'échange des ratifications on signalait déjà les défections probables des Ducs de Saxe-Cobourg-Gotha et de Saxe-Meiningen, bientôt, en effet, consommées sous forme de conventions particulières avec le gouvernement prussien. Le négociateur saxon, M. de Lindau, ministre du commerce, de l'industrie et des beaux-arts, ne se dissimulait pas le peu de confiance qu'il avait en la durée de son œuvre. Beaucoup de négociants, de propriétaires et de manufacturiers la désapprouvaient. Passant à Dresde, à la fin de juillet 1829, après avoir conclu à Berlin le traité qui accordait la Prusse et la Bavière, le comte de Luxbourg annonçait que cet arrangement était seulement l'acte préparatoire au Zollverein général que réclamaient les intérêts de l'Allemagne. Il proclamait la nécessité pour les Saxons de devenir Prussiens : qu'ils mesurent, disait-il, la différence entre le bien-être de leurs compatriotes aujourd'hui passés sous l'autorité du roi de Prusse et leur propre état. Ce langage du ministre bavarois ne répondait que trop aux dispositions de ceux qui l'entendaient. « Bien des gens et des plus importants sont enclins à préférer des avantages réels à une indépendance illusoire »[1].

Le Cabinet des Tuileries répondait : « En admettant que la population saxonne eût une certaine propension pour l'administration prussienne, n'est-ce pas un nouveau motif pour que nous cherchions à retenir la Cour de Dresde dans ses liens avec l'Association de Cassel, en favorisant celle-ci par

1. Le comte de Caraman à Polignac, Dresde, 23 juillet, 1er et 22 septembre 1829. AFFAIRES ETRANGÈRES. *Saxe* Correspondance générale, t. 94.

tous les moyens qui sont en notre pouvoir [1]. » Tirer, en 1830, la Saxe des mains de la Prusse quand de Munich une voix autorisée lui conseillait de ne plus différer de s'y jeter, à son exemple; après avoir rabroué la Bavière, plus forte, plus maîtresse de ses mouvements, et négligé l'Association du Midi, plus vigoureuse, se tourner vers l'Association centrale inconsistante, quelle incohérence! La France aurait pu, l'année précédente, provoquer l'accession de la seconde de ces ligues à la première et créer, peut-être, pour un temps, une grande force de résistance au système prussien. Que pouvait-elle se promettre d'efficace, une fois achevée l'Union bavaro-prussienne? Etait-il en notre pouvoir de galvaniser un peuple démissionnaire? Il y aurait fallu plus que le grand cordon de l'ordre du Saint-Esprit envoyé au roi Antoine et la grand'croix de la Légion d'Honneur à son premier ministre, le comte d'Enseidel; plus que les bons sentiments de deux familles régnantes; plus que des réductions de taxes au bénéfice des importations de la Saxe et des adhérents à l'Union centrale; plus que la liberté du transit de leurs marchandises jusqu'à nos ports pour leur embarquement à destination de l'Amérique, du Levant et de l'Extrême-Orient. Aussi, de ce côté encore, ce ne sont que velléités, moins que cela, un jeu de propos interrompus. L'Électeur de Hesse avait été l'animateur de l'association de Cassel. Nous lui avions prodigué les encouragements. Apprenons-nous qu'il a pris, lui aussi, le parti d'entrer en tractations avec le Cabinet de Berlin, nous voilà à plat : « Il nous reste peu de moyens d'empêcher cette détermination d'avoir son effet. Nous ne

1. Polignac à Rumigny, 5 janvier 1830. AFFAIRES ETRANGÈRES. *Bavière;* Correspondance générale, t. 200.

voulons pas, d'ailleurs, nous placer, au regard de la Prusse, dans une position qui nous donnerait un air de tracasserie [1]. »

Laissant les États secondaires chercher à tâtons un régime douanier, où leur bien-être et leur prospérité étaient hautement intéressés, on ne saurait douter que la solution adoptée, si elle est celle que la Cour de Berlin s'évertue à faire prévaloir, doive être en Allemagne grosse de conséquences constitutionnelles et, certes, on n'en est pas, aux Tuileries, à le méconnaître. Mais on en avait pris son parti. La Ferronays veut que Louis Ier sache qu'un rapprochement entre lui et Frédéric Guillaume III n'est pas pour causer du déplaisir à la France. Celle-ci se félicite, au contraire, de l'initiative prussienne, ou, si l'on regrette le préjudice que peut en éprouver notre commerce on la tient pour heureuse politiquement: « Ne présente-t-elle pas l'avantage d'être dirigée contre l'Autriche et d'augmenter l'isolement et l'embarras du cabinet de Vienne?» A la réflexion, on n'osait pas maintenir dans l'expédition d'une dépêche officielle, même sous le chiffre, un aveu si dénué de précautions, présenté si crûment; et c'est biffé qu'on le peut lire dans la minute. Mais ne révèle-t-il pas le secret d'une pensée qu'on a, après l'avoir exprimée, jugé scabreux de confier à un agent, dont on peut toujours craindre qu'il n'use mal à propos ou laisse transparaître quelque chose dans son langage ou sa conduite. Au reste, veut-on regarder comme non écrit ce passage, cet autre d'une dépêche adressé quelques jours plus tôt, par le comte de Rayneval, chargé momentané-

1. Le prince de Polignac à M. de Cabre, ministre de France auprès de l'Electeur de Hesse, 29 octobre 1829. AFFAIRES ETRANGÈRES. *Hesse-Cassel;* Correspondance politique, t. 24.

ment du portefeuille des Affaires Étrangères, au comte d'Agoult demeure : « Les relations que la Prusse cherche à établir avec les États du midi de l'Allemagne attirent à un haut degré l'attention de toutes les Puissances. ON A VOULU, A CE SUJET, NOUS INSPIRER A NOUS-MÊMES DES INQUIÉTUDES; NOUS NE LES PARTAGEONS EN AUCUNE MANIÈRE. NOUS VERRONS SANS CRAINTE NI JALOUSIE AUCUNE LA PRUSSE RESSERRER SES LIENS AVEC LES AUTRES ÉTATS DU CORPS GERMANIQUE[1]. »

*
* *

Comment cette politique n'aurait-elle pas ses doutes et ses incertitudes. A peine l'a-t-on énoncée qu'on en conçoit une autre qui tendrait à rapprocher les Tuileries de Schœnbrunn. La France n'a rien à craindre de la grandeur et de la prospérité de l'Autriche... D'autres Puissances, plus nouvelles et animées de l'énergie de la jeunesse peuvent aspirer à bouleverser un système politique où elles ne se sentent pas encore établies d'une manière définitive. L'Autriche, et en cela elle a un point de ressemblance avec la France, replacée sous son sceptre légitime, l'Autriche doit tenir avant tout au maintien de l'ordre européen, dont elle est une des plus anciennes colonnes. Elle ne saurait gagner beaucoup à le troubler. Sa position est faite et ne comporte plus d'agrandissement considérable; rien ne provoque, rien ne nécessite pour elle un accroissement de territoire qui l'affaiblirait peut-être au lieu de la fortifier. Elle doit tendre seulement à maintenir ses frontières du Nord et de l'Est contre

1. La Ferronnays à Rumigny, 4 février, 7 mai 1829; à Agoult. 24 avril 1829. AFFAIRES ETRANGÈRES. *Bavière;* Correspondance générale, t. 197 et *Prusse*, t. 272.

d'ambitieux voisins et tous les amis de l'équilibre doivent désirer qu'elle y parvienne, le gouvernement français autant ou plus qu'un autre. Elle doit tendre encore à reprendre en Allemagne une partie de son ancienne influence et par l'enchaînement des circonstances actuelles, surtout par les accroissements prodigieux qu'a pris la Puissance prussienne, la France, si longtemps antagoniste constante et heureuse de cette influence, peut aujourd'hui trouver son intérêt à en favoriser jusqu'à un certain point le rétablissement. [1]

Constatant que « les traités de commerce ont pour premier résultat d'étendre l'influence prussienne, auparavant confinée au nord de l'Allemagne, à toute la partie méridionale de cette contrée » nous regrettons que l'Autriche ait perdu « toute la prépondérance qu'elle devait avoir et que nous devrions lui souhaiter si nous ne parvenions à mettre par nous-mêmes arrêt à celle que prend la Prusse ». Nous entrevoyons que le meilleur moyen d'arrêter les progrès de celle-ci est de lui substituer celle-là dans le rôle d'animatrice de l'unité économique allemande? Les relations de la Bavière avec la Prusse ne nous paraissent pas « amenées par des besoins réciproques », tandis qu'entre elle et l'Autriche existent « des rapports naturels de voisinage, des communications peu dispendieuses par fleuves et rivières ». Nous estimons donc que le Cabinet de Munich ferait bien d'accueillir les propositions du Cabinet de Vienne. Nous rêvons de développer la navigation du Danube et d'en faire une voie ouverte à nos produits. [2]

1. Instructions à Rayneval, 26 novembre 1829. AFFAIRES ETRANGÈRES. *Autriche* Correspondance générale, t. 411.

2. Polignac à Rumigny, 12 octobre 1829; à Rayneval, 9 février 8 juin 1830.

Nos agents sont invités à conformer leur conduite à ces directions : « Nous n'avons aucune prévention contre l'Autriche, aucune répugnance à agir de concert avec elle; et nous voyons, au contraire, avec plaisir se présenter des occasions où les intérêts des deux pays se trouvent d'accord ». En quelques semaines ce bon vouloir était dissipé.

Et d'abord fut-il seulement sincère? Il est permis de se le demander. A qui, en effet, confie-t-on la mission d'être auprès de l'Empereur et de Metternich l'interprète et l'artisan de cette nouvelle entente austro-française? Au comte de Rayneval, le plus en vue de nos diplomates de carrière. Personne n'ignore ce qu'il en pense : c'est pour Berlin qu'il penche. Lisant le mémoire qui doit lui servir d'instructions, arrive-t-il au passage où il est parlé « des accroissements prodigieux » de la Prusse, il n'en est point d'accord : « ne s'exagère-t-on pas, note-t-il en marge, ces accroissements? » Le choix de Charles X se fut arrêté sur un autre ambassadeur pour cette négociation, si on eut désiré y réussir autant qu'on se plaisait à le proclamer; et d'avoir préféré celui-ci implique assez qu'on entendait mettre dans la pratique plus de retenue que dans l'expression.

Adoptée en principe, recherchée de bonne foi, cette politique ne laissait pas que d'être épineuse. Elle allait à l'encontre de tout le mouvement dont nos ministres résidents s'accordaient à reconnaître la profondeur et qui, en Allemagne soulevait princes et peuples contre la tyrannie infatuée de Metternich : « si ce n'était que la manifestation du mécontentement qu'a suscité sa conduite pendant les quinze dernières années, il n'y aurait peut-être qu'à reconnaître la justice des nations, mais les écarts de cette justice sont effrayants par les résultats qu'ils pourraient avoir». Lier partie avec le Cabinet de Vienne, c'était, aux yeux des États secondaires, les trahir. Déjà, au XVIIIe siècle, nous avions eu grand'peine à les convaincre que par l'alliance de Louis XV avec Marie-Thérèse nous n'abdiquions pas notre politique traditionnelle de protection à leur égard. La Russie, qui cherchait alors à nous supplanter, usa, non sans succès, auprès de quelques-uns de cet argument. Celui-ci était, en 1830, meilleur encore. « Si, aujourd'hui, tous les États de l'Allemagne avaient à se prononcer sur ce qu'ils préfèrent de la prépondérance de l'Autriche ou de la Prusse, c'est en faveur de la dernière qu'ils le feraient parce qu'elle a adopté des formes et des systèmes qui s'accordent plus avec les idées et les besoins du moment; parce que l'une est décidée à rester stationnaire, ne plie sur aucun point de vue, ne cède à aucun désir et que l'autre les prévient et, au besoin, les seconde [1]. »

De quel œil le roi de Bavière, qui n'avait recherché notre alliance que pour obtenir notre appui contre l'Autriche devait-il voir nos efforts pour le réconcilier, lui et nous, avec cette Puissance. Point de vœu plus convaincu, plus souvent répété que celui-ci, parmi ses sujets : « Lieber bayerisch sterben als œsterreichisch verderben ». On imagine sa surprise et on comprend son refus. Nos tentatives en l'inquiétant n'aboutissent qu'à le rattacher plus fortement à la Prusse. Rumigny lui-même dut s'en convaincre. Quand il veut reprendre avec le ministre bavarois l'entretien sur la possibilité d'une entente commer-

1. Rumigny à Polignac, 12 janvier 1830. AFFAIRES ÉTRANGÈRES *Bavière*: Correspondance générale, t. 200

ciale avec la France, Armansberg l'interrompt : « ce qui, il y a peu de mois, se présentait encore facile et désirable était bien difficile par suite des liens qui venaient d'être formés avec le gouvernement de Berlin ». Pour ce qui est de l'Autriche, à peine pouvait-il être seulement question de s'accommoder sur un objet tout restreint, celui de l'admission en Bavière des fers de Bohème; on ne devait pas supposer qu'aucune négociation pût « s'étendre à des intérêts plus généraux ». L'équivoque est l'une des pires fautes qu'on puisse commettre en politique; elle avait été, sinon la cause, du moins la condition du succès prussien : « nous devons, recommandait, le 9 février 1830, Polignac, l'événement accompli, nous devons éviter de nous présenter à l'Allemagne comme engagés avec la Cour de Vienne dans une alliance qui serait plus propre à éloigner qu'à rapprocher de nous les gouvernements de cette contrée. » Il était un peu tard pour y parer. Son zèle abandonne Rumigny. En réponse, il annonce que par crainte de « devenir indiscret » il s'abstiendra désormais de présenter sur « l'état des nouvelles relations politiques et commerciales » de l'Allemagne « les respectueuses observations » qu'on l'avait invité à soumettre [1].

Eussions-nous réussi à ramener de Berlin à Vienne « la déférence » de Munich que nous n'aurions pas, en fin d'opération, mieux calculé. Avec l'une, aussi bien qu'avec l'autre, les États allemands restaient groupés autour d'une Puissance hostile à la France. Dans le temps même où nous semblons manifester l'intention d'un rapprochement, Metternich s'abstenait de répondre à nos avances. Il continuait ses manœuvres contre

1. Rumigny à Polignac, 9 novembre 1829, 27 février 1830.

nous. Quand même il se fût, par miracle, relâché personnellement de son inimitié, ses agents, cédant à une longue habitude, se fussent par une sourde résistance opposés à ce changement d'attitude. Les nôtres ne cachaient pas leur « peu de confiance dans la sincérité des dispositions de l'Autriche » à entrer dans nos vues; rien ne nous assurait « qu'elle ne nous compromettrait pas au regard de la Prusse, si nous nous ouvrions trop à elle »; la moindre imprudence risquait de les « réunir toutes deux contre nous ». Ces craintes n'étaient que trop fondées [1].

1. Rumigny à Polignac, 28 octobre, 9 novembre 1829. — Rayneval à Polignac, 1er mars, 13 avril 1830.

LA FRANCE BERNÉE

Le Cabinet de Berlin nous avait donné son concours pour maintenir contre l'Autriche et la Grande-Bretagne la liberté d'action de Nicolas Ier. Mais si l'on voit bien à ce jeu le gain de la Cour de Pétersbourg, quel est donc le nôtre? Il ne pouvait être réalisé que le jour où une conjonction d'événements aurait rompu la Sainte-Alliance pour y substituer un pacte séparé de la France, de la Prusse et de la Russie. Effective cette triple entente nous eût servis ; apparente elle nous rend dupes. Or tout demeure fictif et ostentatoire.

Le voyage que le Tzar fait à Postdam, en juin 1829, est l'occasion d'une manifestation théâtrale pour agir sur l'opinion européenne, l'éblouir et l'intimider. L'Empereur distribue aux officiers prussiens « une profusion d'ordres »; il leur prodigue les caresses. Sur un balcon, en public, en présence d'une nombreuse population, il baise la main du roi son beau-père. Lors de la réception par l'Impératrice du Corps diplomatique, tous les Russes se nomment au seul ministre de France. Puis, devant tous les représentants des autres Puissances, rangés dans l'ordre d'ancienneté et attendant leur tour d'audience, le comte Orloff annonce au comte d'Agoult que l'Empereur l'appelle dans le cabinet qui lui est réservé. Le tête-à-tête se prolonge pendant que les Envoyés des Cours de Vienne et de Saint-James sont sur « les épines ». Et comme si cette faveur n'était pas assez manifeste, Alexandra-Feodorowna, née Frederique Louise-Charlotte-Wilhelmine de Prusse, la souligne, quand Mme d'Agoult est présentée, en lui faisant savoir de sa voix la plus haute, afin que nul du cercle ne l'ignore, que l'Empereur daigne accueillir en conférence privée son mari. Ce diplomate écrivait mal, ne se défiant pas assez des métaphores, mais l'amour-propre ne lui dissimulait pas le rôle qu'on réservait, à lui et à son pays, dans cette parade : « J'ai été, mande-t-il, un drapeau pour faire croire à une alliance de la Russie avec la France et la Prusse et un épouvantail pour mes collègues d'Autriche et d'Angleterre ».

Au cours de l'entrevue ménagée avec tant d'éclat, Nicolas s'était borné à exprimer sa reconnaissance pour les procédés dont Charles X l'avait comblé depuis le commencement de sa guerre contre les Turcs : « Je voudrais, avait-il dit, que le Roi mît à l'épreuve mon désir de lui témoigner par des faits combien mes sentiments sont sincères. » De bonnes paroles les Prussiens aussi ne se montraient pas plus ménagers. Il n'était point de circonstance que Bernstorff ne saisît pour nous exprimer « ses sentiments de satisfaction et de reconnaissance ». Son maître remarquait « avec sensibilité les preuves réitérées de confiance » qu'à Paris on accordait à son Envoyé. Mais quelques propos de celui-ci ayant donné à supposer qu'une alliance dirigée contre l'Autriche était à portée d'être conclue, Agoult, chargé de rechercher si le représentant de Frédéric-Guillaume traduisait exactement la pensée de sa Cour, recevait du premier ministre un désaveu péremptoire: le baron de Werther n'avait exprimé

1. Berlin, 14 juin 1829.

que son opinion personnelle; « l'union intime des deux Cabinets devait rester ce qu'elle était, le résultat d'intérêts analogues et du désintéressement commun ». Un an plus tard, le langage n'a pas changé : « la tranquillité de l'Europe est assurée tant que la Prusse, la France et la Russie s'entendront; nous ne voulons rien d'écrit; un accord tacite et positif entre elles suffit pour imposer la paix à tous ceux qui voudraient la troubler[1] ».

*
* *

La Prusse avait contre nous deux puissants motifs d'aversion. Aristocratique et conservatrice, elle détestait les principes de la Charte qui lui paraissaient entachée de démocratie et de libéralisme : elle n'avait pas changé depuis 1792 et le manifeste de Brunswick. Allemande, elle abhorrait le peuple français qu'elle tenait pour l'ennemi et l'oppresseur héréditaire : elle gardait l'esprit de 1813. Son attitude envers les traités de Vienne différait étrangement de la nôtre. Certes, elle ne les regardait pas comme intangibles : ils lui avaient sur plus d'un point imposé une entrave dont elle entendait s'affranchir. Toutefois, s'ils lui semblaient fâcheux dans la mesure où ils avaient contenu ses ambitions, elle les tenait pour excellents en proportion qu'ils avaient enchaîné les nôtres. Bien résolu à conquérir sur l'Autriche la prépondérance, celle-ci n'avait de valeur pour elle que si l'indépendance de l'Allemagne, de toute l'Allemagne était d'abord assurée contre la France.

1. Agoult à Polignac, 8 Août 1828, 18 janvier, 10 avril, 14 juin 1829. Affaires Etrangères. *Prusse.* Correspondance générale, t. 271 et 272.

Regrettant d'avoir dû payer ce résultat par la limitation provisoire de sa mainmise sur la Saxe, elle se félicitait cependant de nous voir repoussés du Rhin et placés sous sa surveillance. Pour rien au monde elle n'eût abandonné la place d'armes qu'elle s'était ou plutôt qu'on lui avait constituée sur la rive gauche. Fière d'avoir contribué largement à affranchir l'Allemagne de toute influence française, jamais elle n'eût toléré, moins encore favorisé le retour de cette influence, comme il serait arrivé si elle était, de quelque façon, entrée en alliance avec nous. Elle voyait dans le *teutonisme* un levier trop commode pour qu'elle consentît à en affaiblir la force. Il lui convenait de garder vivaces dans les cœurs les aspirations déçues vers l'unité allemande, afin qu'elle pût, quelque jour, la réaliser à son bénéfice. On disait, à Paris, qu'elle n'avait que l'apparence d'un grand Etat. Elle-même n'était pas éloignée de penser ainsi et l'amour-propre irritable qu'elle montrait en cette matière était un témoignage d'inquiétude, un aveu implicite. Mais elle savait également que pour cesser d'être seulement la première des Puissances germaniques, pour devenir, en fait et en droit, une Puissance européenne, elle devait en venir à s'identifier à l'Allemagne et celle-ci à elle. Toute combinaison politique qui ne tendait pas à cette fin, — légitime et noble, en soi, — et qui, à bien plus forte raison, si elle en écartait, était rejetée comme hypothéquant l'avenir.

La Prusse avait dépassé le moment où il pouvait convenir à ses ambitions encore modestes d'être le brillant second de la France. Désormais, elle n'aspirait à intervenir dans les affaires générales que comme champion de l'Allemagne. Signataire et, mieux encore, garante des traités de Vienne, elle prétendait, à ce titre, contrôler tout remaniement du territoire germanique. Ne conteste-t-elle pas, en 1817 au Cabinet de Munich la faculté de céder à la France ses possessions rhénanes : « en les recevant la Bavière a été placée comme la Prusse aux avant-postes; en les abandonnant elle exposerait la sûreté de la Confédération et celle de la Prusse, car celle-ci ne séparera jamais ses intérêts de ceux de l'Allemagne ». En 1821, lors de la délimitation définitive de la frontière franco-bavaroise deux communes nous sont-elles remises? Aussitôt, de Berlin s'élèvent des protestations véhémentes : « la lettre et l'esprit des traités de Paris ont été violés et affaiblie la barrière militaire dressée contre la France ». Est-il question d'un rapprochement, encore que la pointe en soit tournée contre l'Autriche? Elle s'y oppose, ne voulant pas que par nos propres moyens ou par ceux de nos alliés nous nous étendions sur le Rhin. Le Grand Duc de Bade sollicite-t-il Charles X dans un démêlé avec le roi Louis? Frédéric-Guillaume lui témoigne son déplaisir. Ce qui nous paraissait « une bien étrange susceptibilité » était le fond même de la politique prussienne.

Si les Tuileries persévéraient dans l'illusion, des yeux se dessillaient. Agoult, un instant séduit par « la franchise » de Bernstorff, démêlait assez vite que la Prusse ne voulait avoir avec la France que des rapports « basés, non sur des intérêts, encore moins sur des attachements permanents, mais sur des similitudes momentanées de positions... [1] ».

1. Rumigny à Polignac, 26 juin, 1er et 3 novembre 1829.

*
* *

La France était donc la dernière Puissance avec laquelle il eût convenu à la Prusse de signer un accord particulier. Non seulement elle n'entendait pas rompre la Sainte-Alliance, mais elle ne songeait qu'à la ramener à sa conception première de ligue formée pour nous tenir en tutelle. Pour cette tâche Metternich trouvait en elle une précieuse auxiliaire. Après l'échec de ses efforts pour opposer à l'ambition russe un bloc européen, il n'avait pas insisté. Se retournant, avec cette désinvolture qui lui donnait si grand prestige et crédit auprès des sots, il était revenu à la tactique d'unir contre la France, foyer du libéralisme, les trois monarchies qui tenaient pour l'absolutisme. Il s'agissait d'amener la Russie à sacrifier, une fois de plus, ses intérêts nationaux pour mettre obstacle au péril social. Mais le Chancelier autrichien avait perdu tout ascendant à Pétersbourg. Ce fut l'Empereur François qui, en janvier 1829, signala, dans une lettre personnelle, au Tzar la situation intérieure de la France et des États secondaires de l'Allemagne. Il demandait à Nicolas s'il pouvait compter en cas de troubles sur son assistance et l'engageait, afin de s'y rendre prêt, à terminer promptement ses différends avec la Porte [1]. Malgré la signature impériale, l'initiative demeurait suspecte. Pour l'appuyer la Cour de Vienne fit appel à celle de Berlin. Elle en fut entendue. Frédéric-Guillaume recommanda au ministre d'Autriche de « faire savoir à l'Empereur qu'il conservait toujours pour lui les sentiments de la plus fidèle

1. Pétersbourg 4 janvier 1829. — Munich, 4 avril 1829.

amitié; que *l'alliance de* 1813 *lui était toujours présente* et qu'il n'oubliait pas que par elle l'Autriche unie à la Russie avait sauvé l'Allemagne et l'Europe ».

A la vérité pendant que cette intrigue se tramait à notre encontre nous n'étions pas sans inquiétude. Le bruit d'un rapprochement austro-russe circulait. Nous redoutions que la Prusse n'y accédât et que la Turquie ne fût partagée sans nous, ainsi qu'il en avait été, soixante ans plus tôt, de la Pologne. Mais si nous admettions que la Prusse pût être entraînée par la réunion de la Russie et de l'Autriche, était-il vraisemblable qu'elle travaillât à cette réunion? Son intérêt semblait y être incompatible, les deux Cours impériales devant gagner au dépècement projeté un accroissement de forces dont la Prusse ne pouvait qu'être incommodée. Une inadvertance de Bernstorff, dans une conversation avec le comte d'Agoult vint brusquement éclairer les profondeurs. Le Cabinet de Berlin avait transmis à celui de Pétersbourg qui la discutait « d'une manière calme et toute naturelle... la proposition autrichienne de se hâter vers la paix avec la Porte pour former une nouvelle alliance des trois grandes Puissances continentales contre celles dont les agitations intérieures tendraient à rejeter l'Europe dans des bouleversements révolutionnaires », plus précisément la France et l'Italie. Ainsi la Prusse, que nous nous flattions d'avoir avec nous et la Russie contre l'Autriche et la Grande-Bretagne, aujourd'hui dans l'intérêt exclusif de la Russie, mais demain dans l'intérêt commun des trois alliés, la Prusse laissait apparaître son vrai visage, tout hostile : « son plus cher désir était de raccommoder l'Autriche et la Russie à nos dépens. »

Puérilement nous étions-nous flattés d'avoir effacé, au dehors comme au dedans, les vestiges de la Révolution et de pouvoir pratiquer à nouveau une diplomatie fondée sur des combinaisons de chancellerie à chancellerie. On n'abolit pas si aisément une période de l'histoire [1].

*
* *

Pourtant le cabinet des Tuileries s'entêta. Bien peu d'esprits sont assez hardis pour renoncer résolument à une politique, lorsqu'à la lumière d'une révélation irréfragable elle se manifeste inconciliable avec les données de la réalité présente. Nous préférons nos chimères à la vérité parce que les premières nous les tirons de nous-mêmes, alors que la seconde nous semble imposée du dehors. Plutôt que de renoncer à une doctrine devenue caduque, il est commode de s'en prendre au fait gênant, de l'interpréter, de l'apprivoiser, si l'on ose dire, et de l'adapter au système. Cette faiblesse, nous l'appelons constance dans les principes. On n'y manqua point en 1829.

Sous le coup de la nouvelle inattendue, on crut pouvoir se permettre d'exprimer « l'étonnement et le profond regret » qu'elle nous causait. Si les Tuileries avaient espéré la moindre satisfaction, fût-ce de pure forme, elles s'étaient bien trompées. A peine Agoult avait-il terminé son inoffensive communication que Bernstorff « se récria », et, loin de s'excuser, convint de tout : « Je ne m'en dédis pas, proclama-t-il, je désire le retour de la bonne intelligence entre la Russie et l'Autriche, je le désire pour la paix des Puissances entre elles, dans l'intérêt du repos intérieur des États. Il est

1. Berlin, 14 juin, 4 Août 1829. AFFAIRES ETRANGÈRES. *Prusse.* Correspondance générale, t. 272.

nécessaire pour arrêter les progrès des idées révolutionnaires; nous nous associerons toujours à ce double dessein ». Le premier ministre de Frédéric-Guillaume eût dû arrêter là ses explications et sa franchise — accidentelle — n'aurait rien perdu à s'ouater de courtoisie. Il en jugea autrement. Les terminant, sous la forme d'une allusion pénible, par une assurance qui n'est rien de moins qu'une insolence, « le rétablissement de la Maison de Bourbon sur le trône de France, ajoutait-il, est un souvenir glorieux pour la monarchie prussienne qui y a tant contribué et c'est un précédent qui fera loi pour elle si de malheureux événements nous menaçaient encore [1]. » Arraisonné de si haut, traité en protégé, le gouvernement de Charles X s'incline : c'est par méprise qu'il s'est alarmé d'une intervention dont, à la mieux considérer, les motifs ne laissent pas que d'être assez pertinents sinon plausibles. Aussi convient-il de « ne pas y attacher une importance exagérée » et Agoult est-il invité à « continuer ses rapports de confiance et d'intimité avec M. de Bernstorff ».

Celui-ci s'y prêta de bonne grâce. Avant Bismarck, ce Danois sait, aussi bien qu'un Prussien de la meilleure souche, Stockpreussen, exploiter la naïveté de la Cour des Tuileries, et déjà en pratiquant une méthode semblable. Il n'a pas même à tromper son adversaire; il n'a qu'à le laisser s'égarer soi-même. Pour s'assurer notre complaisance et notre passivité, il lui suffit de répondre à nos avances par des protestations d'amitié. Il se garde, toutefois, de donner à nos projets ambitieux un encouragement. Il se soustrait même à la moindre promesse. Il obtient de la sorte tous les

1. Agoult à Portalis, 16 juillet 1829. AFFAIRES ÉTRANGÈRES. *Prusse*. Correspondance générale, t. 272.

bénéfices d'une alliance sans en subir les charges. Les ambiguïtés de la politique du cabinet de Berlin ne sont pas des hésitations, mais des habiletés.

Jusqu'aux derniers jours de la Restauration le même leurre fascine et entraîne les hommes qu'elle a mis au gouvernail. Cherche-t-on un souverain pour la Grèce? Notre choix se porte sur Frédéric-Guillaume-Louis de Prusse : « le Roi a saisi avec beaucoup d'empressement cette occasion de montrer à un allié, dont il apprécie si vivement l'amitié, tous les sentiments qu'il lui porte et de témoigner par cette preuve éclatante combien il regarde que (*sic*) les intérêts des deux pays se trouvent étroitement liés : c'est à ses yeux remplacer, autant que possible, dans l'intérêt de la France, le choix d'un prince français que les traités ne permettent pas de proposer; c'est un nouveau lien entre la France et la Prusse; c'est une source de nouveaux rapports dans la Méditerranée et de communications intimes et habituelles entre les deux États ». Les embarras du nouveau royaume et le caractère de Son Altesse Royale colorèrent de raisons honorables une réponse négative dont ne se rebuta pas notre zèle. Nous proposâmes alors le prince Guillaume, non plus neveu, mais frère de Frédéric-Guillaume, sans plus de succès.

La Prusse ne se laissait pas détourner de son programme, dont le premier article était la maîtrise économique de l'Allemagne, prélude de son hégémonie politique. Elle entre dans l'année 1830, peuplée de 13 millions d'habitants, — soit un accroissement, depuis la paix, d'un septième; sa dette réduite de 600 millions de francs, ou peu s'en fallait; un revenu de 180 millions, double de celui de 1790. Elle a du crédit; 300.000 hommes en troupes régulières et milices; et — Agoult, du moins, en juge ainsi, — elle possède « un système politique qui a élevé sa considération au dehors, des alliances fortes, de la sagesse et du bonheur [1] ».

1. Berlin, 20 octobre 1829. AFFAIRES ÉTRANGÈRES. *Prusse*. Correspondance générale, t. 272.

ÉTAT D'AME DE LA RUSSIE

Pendant que nous poursuivions le mirage d'une Prusse enfin liée d'intérêts avec nous, quel était l'état d'âme de la Cour de Pétersbourg? Plus conservatrice à l'intérieur qu'aucune autre, plus avide de changement au dehors, elle oscillait entre ces deux tendances, n'embrassait qu'avec perplexité une politique nationale et aspirait toujours, quelques-unes de ses ambitions satisfaites, à rentrer par le plus court, dans le concert général. Les efforts de Berlin pour la réconcilier avec Vienne s'exerçaient donc sur un terrain favorable. Lors même que, pour lutter contre l'hostilité toujours en œuvre de l'Autriche et de la Grande-Bretagne, Nicolas Ier éprouvait le besoin impérieux de l'amitié française il ne se décidait pas à écarter catégoriquement les suggestions qui lui étaient faites contre nous. Il en ajournait seulement l'examen, se bornant à déclarer « qu'il était toujours disposé à coopérer à toutes les mesures en vue de maintenir le repos de l'Europe ». Il s'indignait parfois des obstacles que la jalousie opposait aux aspirations russes. Alors il sentait l'utilité de notre aide et laissait entrevoir la possibilité d'engagements fermes et réciproques et solidaires. Au fond, l'ordre établi en 1815 lui demeurait sacré. Les menées qui se réclamaient de la Sainte-Alliance le trouvaient, malgré tout, indulgent. Contre elles notre ambassadeur demandait des assurances formelles, sans obtenir mieux que des effusions. Un jour au camp de Krasnoe-Selo il s'y essaie : « Camarade Mortemart, interrompt l'Empereur, camarade Mortemart, ainsi que Nous nous permettons de vous appeler, comme vous le trouvez bon, n'est-ce pas? entre nous les sentiments sont trop connus pour qu'ils aient besoin d'expression ». Le surlendemain, au cours d'une promenade à cheval où il avait été admis à l'honneur d'accompagner Sa Majesté, l'ambassadeur, pour en venir aux précisions, commence-t-il à parler du mémoire prussien et de la réponse, assez inquiétante pour nous, qui y avait été faite, Nicolas arrête son cheval et, botte à botte, les yeux dans les yeux du duc : « Les explications, prononce-t-il, n'ont pas besoin de phrases : c'est le cœur qui les donne. Croit-on, d'ailleurs, que je puisse être indifférent au sort de la France? Non, tout m'y attache! Mais nul ne peut être juge de ses besoins que son Roi et tout le monde doit avoir confiance en lui tant qu'il n'exprime pas de craintes. Méprisez toutes ces basses intrigues. Laissez-les dire. Marchons droit notre chemin et ils en seront pour la honte [1]. »

Un refus explicite énoncé à Vienne et à Berlin eut bien mieux fait notre affaire. A Paris, on n'ignorait pas que le grand duc Constantin, dont l'empire sur son frère était sans égal, se déclarait hautement pour un rapprochement de la Russie et de l'Autriche; on savait aussi que le ministre d'État, comte de Nesselrode s'était laissé convaincre par Metternich et qu'il « partageait l'opinion que le gouvernement de la France prenait une tendance révolutionnaire si menaçante qu'il devenait plus

1. Le duc de Mortemart au Ministre, 26/14 juillet, 9 août, 28 juillet 1829. Affaires Étrangères. *Russie.* Correspondance générale,

important de se réunir contre ce danger que de terminer les affaires d'Orient » [1]. Les soupçons déposés dans l'esprit du Tzar y germaient. Le 4 juillet 1829, le comte Portalis observait que « le langage de Sa Majesté n'était pas si positif qu'il l'avait été précédemment » et il appréhendait « qu'on ne fût réellement venu à bout de l'inquiéter sur notre position et de lui remettre en mémoire le pacte de Chaumont que M. de Metternich s'efforçait toujours de faire revivre ». Les effets pernicieux de l'insinuation prussienne sont sensibles. Le comte d'Agoult, au sortir de son entretien de Berlin, surpris « des questions que son auguste interlocuteur lui avait adressées sur notre situation intérieure, frappé de son embarras, de sa physionomie incertaine », notait que l'attention de Nicolas Ier était « dirigée sur le même objet, et bien plus depuis son séjour à la Cour de Prusse, où toutes ses courses à Postdam, à Charlottenbourg avaient été faites dans la voiture du Prince Royal et en tête-à-tête avec lui »; on devait craindre que « sitôt la paix signée, et, dès lors dégagé de ses embarras, ayant moins besoin de la France, il ne se laissât circonvenir par nos ennemis... Résistera-t-il toujours à l'Autriche aidée de la Prusse? »

Naturellement, l'Empereur n'oubliait pas la nécessité présente : ce n'est pas quand il monte, à Berlin même, une démonstration à grand spectacle qu'il va s'associer envers notre peuple à des menaces d'immixtion dans nos affaires privées :

1. Tatischeff, l'ambassadeur de Russie à Vienne, témoignait d'une grande violence contre le Chancelier; et, cependant, c'est avec raison que le duc de Laval, ambassadeur du Roi constate entre ces deux hommes un point de sympathie « dans leur répugnance commune à nos principes constitutionnels et dans les inquiétudes qu'ils se communiquent l'un à l'autre sur la tendance et les conséquences de la marche que nous suivons ».

« Certes, si je m'en mêlais, protestait-il, ce ne serait qu'en avertissant amicalement le Roi de ce que je croirais utile à sa gloire et jamais en contrôlant les actes de sa souveraineté ». Sa manière n'est pas celle de Bernstorff qui évoque l'invasion et le service rendu aux Bourbons par les baïonnettes des Hohenzollern. Toutefois il était impatient de terminer un conflit où s'épuisaient les ressources de son peuple, qui lui coûtait beaucoup de sang et qui l'exposait lui-même à devoir, d'un instant à l'autre, nous appeler à son secours. Il avait admis l'accord avec nous pour servir ses intérêts. Sans nourrir à notre égard l'animadversion de la Prusse, il ne chercherait pas à le prolonger pour servir les nôtres.

*
* *

Va-t-on au fond des choses, la conduite de la Russie, à cette époque, tend à vouloir se faire gardienne de la paix dans l'univers et arbitre de cette paix. C'est exactement le rôle que revendique le Tzar : « Les traités existent pour tout le monde, déclare-t-il à notre ambassadeur, et mon assistance serait assurée à l'Autriche, comme à vous, dans le cas d'une injuste agression ». En Italie, la Cour de Vienne sapait sourdement les stipulations de 1815 et tâchait opiniâtrément et effrontément à les modifier à son avantage. Offrant sa protection aux princes effrayés par les tendances, de plus en plus impérieuses des peuples vers la liberté, elle visait à les grouper « en un corps fédératif qui recevrait d'elle la vie et le mouvement et qui serait placé, à peu près, dans les mêmes rapports où le Corps germanique se trouvait jadis vis-à-vis de l'Empereur d'Allemagne ».

Nous tenions ces projets pour extrêmement périlleux. Chaque fois qu'on nous avait sondés sur la manière dont nous en accueillerions l'exécution, nous nous étions mis en défense et nous n'avions pas caché que des entreprises de ce genre « mettraient le Roi dans l'obligation de ne plus prendre conseil que de la dignité de sa couronne et de l'intérêt de ses peuples ». Pour ce conflit éventuel, l'appui de la Russie nous serait précieux. Le duc de Mortemart reçoit l'instruction de « parler avec confiance et amitié à M. de Nesselrode ». Il doit lui demander que les ministres russes en Italie aient l'ordre de s'exprimer hautement contre tous les projets qui viseraient soit à changer les rapports actuellement existant entre les États qui la composent, soit à modifier en quoi que ce soit les dispositions du Congrès de Vienne quant à la situation politique de ce pays ». Nous espérons que cette pression s'exercera sur « le gouvernement autrichien lui-même, s'il en était besoin »[1].

Notre attente ne fut pas déçue. Pas une fois Metternich ne s'ouvrit de ses vues sur la Péninsule sans que le Cabinet de Pétersbourg ne repoussât « ces dangereuses intentions et ne témoignât le vœu que rien ne vint déranger l'équilibre européen ». Les injonctions que nous désirions furent adressées au personnel diplomatique et Mortemart pouvait écrire que « l'Empereur nous prêterait son appui en Italie », si nous l'en requérions[2]. Mais il fallait beaucoup de prudence et de précaution, et le duc, un jour que dans le feu de la conversation il en avait manqué, eut à l'apprendre, si déjà il ne le savait, séance tenante :

1. Polignac à Mortemart, 1er juin et 4 juillet 1829. — Instructions au baron Denis, Consul général à Milan, 22 avril 1830.

2. Mortemart à Portalis, 21 juillet 1829.

— Si, en définitive, disait-il, l'Autriche, sans égard pour les traités, allait de l'avant en Italie, la France ne serait-elle pas autorisée à en faire autant pour retrouver, dans la belle partie qu'on lui présenterait à jouer, un dédommagement de ses sacrifices de 1815?

— Pour l'amour de Dieu, s'exclamait le Tzar, ne faites pas cela. Vous mettriez toute l'Europe en feu. Nous avons tous besoin de la paix [1].

L'émoi de Nicolas Ier était un avertissement. La base de notre accord avec la Russie, c'est le maintien des gouvernements et du statut territorial existants. Ainsi bien et dûment prévenu, le Cabinet des Tuileries, ne se jette pas moins dans l'aventure redoutable.

1. Mortemart à Portalis, 9 août-28 juillet 1829.

LE GRAND DESSEIN DE CHARLES X

Le 8 août 1829, le prince de Polignac avait reçu le portefeuille des Affaires étrangères. Si jamais Secrétaire d'État eut un penchant personnel vers l'Angleterre, ce fut assurément ce favori du Roi, la veille encore notre représentant auprès de George IV. « C'est à elle qu'il empruntait ses idées et ses continuelles comparaisons, ricane le baron d'Haussez, qui fut, dans le ministère son collègue; il n'y avait pas jusqu'aux noms français qu'il ne dénaturât en les prononçant. » Mme de Liéven, si bien placée pour en juger, le considérait comme une marionnette mise en place par le Cabinet de Saint-James, et Metternich voyait dans son arrivée au pouvoir un coup de foudre pour la Cour de Pétersbourg, qui s'était plus d'une fois plainte de sa conduite à la conférence des Ambassadeurs. S'entretenant à Tœplitz, de l'événement avec le comte de Caraman, le Grand Duc Constantin ne désignait le gouvernement du Roi qu'en le nommant le cabinet Wellington-Polignac; et le prince de Wittgenstein, qui représentait Frédéric-Guillaume III à Dresde, exprimait la crainte qu'une direction ne fût imprimée à la diplomatie française, plus favorable à la Grande-Bretagne et, en conséquence, à l'Autriche, «donc opposée, concluait-il, à la politique de la Russie, pour laquelle la Prusse a une prédilection si marquée ». [1]

1. Baron d'Haussez : *Mémoires,* 2 vol. in-8°, Paris, 1897, t. II, p. 89. Caraman à Polignac, 23 août 1829. — Affaires étrangères. *Saxe* Correspondance générale, t. 94.

Les premières démarches de Polignac ne démentirent pas ces pronostics. Nous exprimions tout à l'heure un doute sur le caractère de sincérité de la mission donnée à Rayneval auprès de la Cour de Vienne en vue d'un rapprochement avec la monarchie des Habsbourgs. Que le ministre y fut personnellement de bonne foi, il est plus que probable. Mais les Bureaux? Il n'y a point de vraisemblance. S'ils s'inclinèrent devant un ordre péremptoire, comme leur conviction, et celle de Rayneval particulièrement, était contraire à cette sorte de nouveau renversement des alliances, sans y résister en face, ils se réservèrent par la désignation de l'ambassadeur d'y faire échec. Et par là on peut voir que la toute puissance d'un ministre n'est pas ce qu'un vain peuple pense, ni même un courtisan présomptueux et arrivé. Le prince ne tarda pas à trouver, aux Tuileries, son chemin de Damas : son caractère ne le prédisposait pas à l'opiniâtreté [1].

1. « D'un côté un grand nom, l'héritage d'une haute faveur, un zèle pour la cause royale éprouvé par les plus grands périls, des airs de bonne compagnie, une figure prévenante, *de la confiance dans une sorte de prédestination*, une disposition à suivre une idée avec ardeur jusqu'à ce qu'il rencontrât un obstacle imprévu et à l'abandonner à la moindre difficulté. De l'autre, une tête vide d'idées, naturelles et acquises; un manque absolu d'instruction; une conversation sans fond et sans attrait qui n'était qu'une enfilade de mots, de phrases à travers lesquelles on apercevait l'embarras de terminer autrement que par quelque chose de niais, de vide et de ridicule; des manières qui offraient un mélange de la politesse de Cour et du mysticisme d'une Confrérie; une complète nullité de talent de tribune; une incapacité qui se révélait dans toutes les circonstances; une imperturbable assurance à faire et (ce qui est pire chez un ministre) à dire des sottises. Rencontrait-il une argumentation trop forte : « Messieurs, disait-il l'obstacle que vous prévoyez n'existe pas. D'ailleurs, cela me regarde et j'en fais mon affaire. » Puis, il s'adressait au Roi et ne manquait pas de faire prévaloir son avis, alors même qu'il était opposé à celui de ses collègues. S'apercevait-il des inconvénients de sa détermination? Il n'hésitait pas, en proposant au roi de le rapporter, à en attribuer le tort aux autres ministres, se servant alors des considérations qu'il avait repoussées et auxquelles le plus souvent il avait négligé de répondre ».

Charles X avait, beaucoup plus qu'on ne le croyait, le goût et la volonté de diriger lui-même la politique extérieure. Son esprit était étroit, mais de léger et futile qu'il avait été, il était devenu appliqué. Il lisait toutes les dépêches de quelque importance et débattait avec son ministre les réponses à faire. La correspondance diplomatique confirme ce témoignage de Pasquier : on voit, à tout instant, le Roi y intervenir. C'est lui qui orienta vers la Russie et la Prusse Polignac personnellement enclin à une politique anglophile : « Sa Majesté [1], atteste celui-ci, le 8 janvier 1830, donne une direction trop personnelle à la marche de son

En regard de cette eau-forte si acérée du baron d'Haussez on doit placer le pastel, tout en nuances, de Lamartine : « Le prince de Polignac était pour Charles X un confident plus qu'un ministre. Né à la Cour, pendant les premiers orages de la Révolution, de la femme dont la beauté et la tendresse avaient le plus fasciné le cœur de la reine Marie-Antoinette et accumulé le plus de défaveur et le plus d'impopularité sur le nom de cette famille; filleul de cette infortunée princesse; élevé sur les genoux du comte d'Artois...; inconnu de sa personne à la France; connu seulement par son nom et par tous les préjugés attachés à ce nom... comme le séide dévoué mais aveugle d'un roi dont la volonté était pour lui l'arrêt du Ciel..., tel il se présentait à l'opinion des masses. Ceux qui, comme l'auteur de ce récit, le regardaient de plus près et le jugeaient avec moins de préventions, voyaient en lui... un homme d'un extérieur qui rappelait sur son visage et dans l'élégance de son maintien la beauté aristocratique de sa mère...; d'une intelligence facile et gracieuse appliquée tardivement aux choses politiques; n'ayant sous des apparences méditatives que la superficie de la réflexion; d'un royalisme qui faisait du roi non seulement un père, mais une ombre de Dieu; d'une piété plus convenable à un cloître qu'à un palais et qui s'exaltait quelquefois jusqu'à l'extase et jusqu'aux interventions surnaturelles de la grâce divine dans les destinées humaines, d'une bonté qui excluait en lui toute intolérance, encore plus toute persécution de conscience et de parti, et d'une opinion politique qui aurait admis très sincèrement les institutions représentatives, pourvu que ces institutions, que son esprit inattentif calquait sur celles de l'Angleterre, sans rien comprendre à la révolution française de 1789, eussent composé une trinité indissoluble des Communes, de l'Eglise et de l'Aristocratie. »

1. « Nous avons, disait Bernstorff à notre Chargé d'Affaires, en mars 1830, nous avons remarqué avec plaisir que les ministres qui se sont succédé en France depuis le commencement de la crise orientale n'ont point varié de principes et ont persévéré dans la même ligne »

Cabinet pour que l'on ait à supposer qu'un changement d'administration intérieure puisse influer sur les affaires du dehors ».

Oui. Et cependant il faut bien concéder qu'à cette époque de son règne il sent plus impérieusement la nécessité d'occuper par delà les frontières l'imagination de la nation; de compenser ce qu'il se propose de lui enlever de liberté par ce qu'il lui donnera de gloire; de chercher dans une politique aventureuse, dût-elle aboutir à la guerre, une diversion à des embarras pour la solution desquels il n'aperçoit qu'un coup d'État : « La France veut que son gouvernement joue un rôle brillant dans les affaires politiques. Toutes les occasions qui pourront s'en offrir devront être saisies avec empressement. C'est là le vrai moyen, peut-être le seul, qu'ait la Couronne de triompher de toutes les difficultés qui lui sont suscitées par cet esprit novateur qui ne tire réellement sa force que du besoin de mouvement qu'éprouve un peuple pour qui le repos est une sorte de tourment ». Ainsi pensait, en mai 1830, Rayneval qui prêchait un converti [1]. N'est-ce pas, en effet, au temps du ministère Martignac que Charles X tient le propos rapporté par Nettement : « Peut-être qu'une guerre contre la Cour de Vienne me sera utile parce qu'elle fera cesser, au dedans, les discussions et occupera la nation en grand comme elle le désire [2]. »

Les circonstances paraissaient opportunes à l'accomplissement de cette opération en deux

A quoi le baron Mortier ne manquait pas d'observer « qu'on ne devait pas en être étonné puisque Sa Majesté dirigeait elle-même son Conseil et donnait un soin tout particulier aux relations du royaume. »

1. Mémoire adressé de Vienne au Roi, le 10 mai 1830. Affaires Etrangères. *Autriche.* Correspondance générale, t. 412.

2. Nettement : *Histoire de la Restauration*, VIII, p. 308.

temps, aussi rapprochés que possible l'un de l'autre : une grande victoire diplomatique ou militaire, précédant ou accompagnant l'atteinte portée aux institutions représentatives et aux libertés publiques. Elles se présentaient, comme la France, sans le dire, sans se l'avouer presque, l'avait souhaité. Vainqueurs de la dernière armée turque, les Russes avançaient sans résistance à travers l'Empire ottoman. Ils avaient « occupé toute la Roumélie, cerné Constantinople et pouvaient, en peu de jours, être les maîtres des Dardanelles et du Bosphore ». Mortemart, qui exposait ainsi la situation, ne demandait pas « des instructions spéciales pour chaque cas », mais il désirait « connaître au juste ce que le Roi voulait obtenir en conséquence de tous les événements qui se passaient » [1]. Voilà enfin venue l'heure que depuis quinze ans appelle la France. Il ne faut pas qu'elle soit prise au dépourvu. Si, au milieu du désarroi universel, elle peut « la première arrêter ses desseins sur le parti qu'elle doit chercher à tirer des conjonctures qui se développent devant elle, elle aura un grand avantage pour faire prévaloir les combinaisons que son intérêt lui aura conseillées ». Le démembrement de la Turquie est admis en postulat. La perspective de sacrifier cet ancien allié n'effraie pas la Cour des Tuileries. Visiblement le souvenir de la Pologne l'obsède : il ne faut pas que la France reste « encore une fois témoin impassible et forcé d'un partage que l'accord de l'Angleterre, de l'Autriche et de la Russie lui enlèverait les moyens d'empêcher..... D'où la nécessité d'une organisation nouvelle de l'Europe [2]. »

1. Pétersbourg, 10 août, 12 septembre 1829.
2. Sauf autres indications, les citations de ce chapitre sont tirées de trois pièces : 1° *Mémoire sur un projet de partage de l'Empire*

Pour parvenir à ce remaniement général va-t-on recourir à l'un de ces congrès internationaux alors si fréquents. Oh! non pas. C'est qu'il ne s'agit pas, au vrai, de « conserver l'équilibre », mais d'en transformer les assises. Nous ne nous refusons pas à demeurer dans la fiction de l'alliance générale, nous prétendons la nover en y insérant, à la place de l'alliance antifrançaise de Chaumont, une alliance particulière dont la France sera l'inspiratrice. Or, dans un congrès ou une conférence, la partie, loin de nous être avantageuse ne serait pas même égale : « l'intimité des relations et l'habitude de concert qui est tout établie entre l'Autriche et l'Angleterre et la profonde conviction que ces deux Puissances ont de la solidarité de leurs intérêts leur donneraient une supériorité décisive ». D'ailleurs, si le débat devait quitter le terrain diplomatique les inévitables longueurs d'une assemblée auraient l'inconvénient de donner aux Cours de Saint-James et de Vienne les moyens « de se préparer à attaquer l'armée russe sur les succès de laquelle repose tout ce plan ». Il est donc sage de préférer « une entente séparée et secrète » avec la Cour de Saint-Pétersbourg. La France et la Russie entraîneront sans peine la Prusse et la Bavière. Alors, il sera temps pour elles d'exposer leurs vues à l'Autriche et à l'Angleterre qui seront bien contraintes de les accepter.

Cette stratégie déterminée, il faut répartir aux ayants droit les bénéfices. Ici l'imagination de Polignac se déploie sans frein. Il va, va toujours, ignorant les obstacles ou les annulant d'un trait de plume. Et, d'abord, à la Russie son lot : en Europe

ottoman; 2° *Note rédigée pour le Dauphin;* 3° *Lettre confidentielle du Prince de Polignac au duc de Mortemart.* AFFAIRES ETRANGÈRES. *Turquie.* Mémoires et Documents, t. XXXIII.

la Moldavie et la Valachie, soit la Roumanie du roi Carol Ier; en Asie, le tiers de l'Asie-Mineure et davantage, si elle y tient. L'Autriche sera gratifiée de la Serbie et de la Bosnie. La Prusse échangera contre la Saxe royale ses provinces d'Outre-Rhin et Meuse; elle obtiendra, en surrogat, la Hollande jusqu'au Rhin et à la Meuse. La Bavière sera satisfaite avec le comté de Sponheim et la faculté de se procurer par des trocs la contiguïté entre le Palatinat, — qu'on lui maintient, — et le centre de la monarchie. Le roi de Saxe, pour qui est composé avec les territoires rhénans disponibles par suite du désistement prussien un royaume d'Austrasie, ira régner à Aix-la-Chapelle. Guillaume de Nassau passera des Pays-Bas à Constantinople où il trouvera un autre trône et régira un État chrétien dont la Grèce sera le principal élément et auquel elle donnera son nom. La France enfin annexera les provinces belges et réalisera en Lorraine d'importantes rectifications de frontière.

*
* *

Que le Cabinet des Tuileries se soit persuadé de pouvoir faire accueillir ce bouleversement de l'Europe par la Grande-Bretagne moyennant le don des colonies hollandaises, comment le croire? Toute l'histoire de ce grand peuple opiniâtre proteste contre supposition si absurde. Depuis Philippe le Hardi il combat la France dans les Flandres. A peine Louis XIV a-t-il mis le pied sur cette terre défendue qu'il se dresse, farouche et résolu contre lui. Quand il rompt, et à jamais, avec les Stuarts, c'est autant, et plus, parce que les deux derniers rois de cette dynastie, personnellement à la solde de la Cour de Versailles, ont pactisé avec elle, au mépris de cet intérêt britannique, érigé en loi immuable et irréfragable, qu'à raison de leur politique religieuse. Il est entré, en 1793, dans la coalition des Puissances continentales pour chasser de Belgique les soldats de Dumouriez et il continuera la lutte, presque sans désemparer, pour la même fin, contre Napoléon jusqu'à la victoire finale. Un agent français écrivait de Londres, en 1677 : « Il a passé tout d'une voix dans la Chambre basse que les Anglais vendront jusqu'à leurs chemises (ce sont les termes dont ils se sont servis) pour faire la guerre à la France afin de conserver les Pays-Bas ».

Ces sentiments sont, en 1829, aussi vifs, aussi passionnés qu'ils furent jamais. Polignac, qui avait longtemps vécu outre Manche et qui venait, six années durant, de résider à Londres en observateur politique, ne pouvait en ignorer la persistance. Tout au rebours, savait-il, et mieux qu'homme de son temps, que notre présence à Anvers, « ce pistolet braqué sur la poitrine de l'Angleterre », ne serait pas supportée d'elle sans que violence lui fut faite. Et, sûrement, il a éclairé ses collègues et le Roi. L'éventualité d'un refus avait le caractère de la certitude. Il a paru probable, peut-être a-t-il été escompté, si bien qu'est d'ores et déjà prévu un partage du domaine colonial néerlandais d'où le Royaume-Uni sera exclu : « l'acquisition de Curaçao procurerait de grands avantages à notre commerce; à la Prusse on pourrait laisser la Guyane, Saint-Eustache et Saint-Martin ». Au surplus que le Cabinet de Saint-James s'y pliât ou non, c'est l'abaissement de l'Angleterre qui doit résulter des remaniements proposés.

En faisant aux Russes une large part dans les

provinces asiatiques de l'Empire ottoman on songe à « leur frayer, un jour, le chemin des Indes » et à les rapprocher « de la Méditerranée où nous avons un si grand besoin d'appui contre la prépondérance britannique ». Si on augmente l'Autriche de la Serbie et de la Bosnie, c'est qu' « en donnant à ses provinces maritimes plus de profondeur » on espère l'amener à sentir bientôt « tout ce qu'il y a de pesant pour l'Europe dans la suprématie navale anglaise ». Le même argument sert à justifier l'attribution de la Hollande aux Hohenzollern : « nous faisons ainsi de la Prusse une puissance navale et nous nous préparons un nouvel auxiliaire pour combattre la domination que les escadres britanniques exercent sur les mers ». La formation d'un royaume de Grèce n'est pas regardée d'un autre point de vue: « le nouvel État aurait avec nous l'intérêt commun que toutes les Puissances maritimes auront longtemps encore à abaisser l'Angleterre ».

*
* *

L'erreur, plus d'une fois commise, et en dernier lieu, par la Révolution, a été de vouloir rattacher à la France tout ensemble les provinces belges et les provinces rhénanes. Ainsi nous coalisons contre nous la Grande-Bretagne et l'Allemagne. La Cour des Tuileries, — et c'est la seule pensée raisonnable de son plan, — sent que pour faire œuvre durable il faut opter. Son choix est fait. Elle prend la Belgique, dont l'occupation lui paraît, à tort n'intéresser que l'Angleterre et, pour rassurer l'Allemagne, elle renonce à la ligne du Rhin. De cette préférence il faut écouter les raisons.

Si les territoires situés entre la Meuse et l'Escaut

étaient annexés à la France ils nous vaudraient des populations qui, déjà françaises de mœurs, et de langage seront assimilées aisément, du jour au lendemain, pour ainsi dire. « Ils augmenteraient notre force défensive; ils mettraient à couvert notre capitale. En rendant la monarchie plus compacte, ils en fortifieraient à la fois toutes les parties, ajouteraient aussi beaucoup à notre force en nous donnant un port sur la mer du Nord. Ce port rendrait la sûreté à nos côtes qui, actuellement, restent très exposées depuis Cherbourg jusqu'à la Hollande, faute d'offrir un abri à nos vaisseaux ». Les territoires rhénans ajouteraient plutôt à notre force agressive. « Ils porteraient nos armées au cœur de l'Allemagne. Mayence serait entre nos mains un vaste camp retranché d'où nous pourrions, à notre gré, envahir telle partie de l'Allemagne où nous voudrions porter nos armes Mais pendant ce temps notre capitale resterait à découvert et l'on prendrait Paris pendant que nous marcherions sur Berlin.

« L'acquisition de la Belgique, en tournant nos forces vers la mer et contre l'Angleterre, rassurerait l'Europe centrale plutôt qu'elle ne l'effraierait. Quand nous nous montrons à l'Europe comme Puissance continentale et envahissante, les souvenirs encore si récents de nos dernières guerres sont réveillés; tout le monde s'inquiète et on est encore prêt à se réunir contre nous. Quand, au contraire, nous nous présentons comme Puissance maritime, comme la seule Puissance qui puisse un jour se mettre à la tête d'une grande ligue européenne formée pour affranchir les mers, alors toutes les Puissances voient en nous une force amie et conservatrice. Elles se sont toutes liguées avec l'Angleterre pour briser le joug que nous faisions peser sur les mers : c'est une perspective que nous devons de temps en temps leur laisser entrevoir, et qui, si nous savons la ménager, nous reportera invinciblement, sans qu'on le remarque, sans qu'on nous jalouse, à la tête de l'Europe.

« L'acquisition des provinces rhénanes produirait un tout autre effet; elle nous donnerait une position toute menaçante et agressive envers l'Allemagne. L'Allemagne sentirait sa liberté et son indépendance menacées, et nous réunirions de nouveau contre nous et la Prusse et l'Autriche, et toutes les Puissances secondaires qui, pendant près de deux siècles, avant les jours sanglants de la Révolution, étaient accoutumées à voir dans la France une Puissance protectrice, gardienne de leur indépendance et de leur liberté : ce sentiment commence à renaître chez la plupart d'entre elles et nous ne saurions trop le ménager.

« Si donc nous demandons la Belgique, nous pouvons avoir favorables à nos vœux la Russie, la Prusse et toute l'Allemagne.

« Si nous demandons les provinces rhénanes, nous rencontrons une opposition invincible dans la Prusse, dans l'Allemagne entière, dans l'Autriche et dans la Russie elle-même, qui ne se trouve plus intéressée à soutenir nos prétentions; car ce n'est que contre l'Angleterre qu'elle désire nous voir nous renforcer. On ne parle pas de l'idée d'appuyer l'acquisition des provinces rhénanes sur la voix de l'Angleterre : si elle nous l'accordait jamais, c'est qu'elle aurait acquis une conviction bien profonde que cette acquisition n'aurait d'effet que de nous mettre en hostilité permanente avec le reste de l'Europe. »

Argumentation, non pas spécieuse, mais dérisoire, en certaines parties digne de Gribouille. Vergennes, après la guerre de l'Indépendance des États-Unis, soucieux d'entente cordiale avec l'Angleterre, avait repoussé la tentation de la Cour de Vienne nous offrant Namur et le pays wallon pour prix de notre complaisance à lui permettre d'annexer la Bavière. Avant lui, Choiseul, en pleine guerre, trouvant, dans le traité de 1756, que Bernis avait stipulé pour nous la possession de la Belgique, n'hésitait pas, en le renouvelant, à renoncer à cette clause dont l'objet lui semblait propre à rendre toute paix impossible et, en attendant, donner aux hostilités, en ce qui regardait les Anglais, un caractère national implacable plus que ne pouvait faire le conflit colonial. Et, quelques mois plus tard, Louis-Philippe s'inspirant de cette sagesse, allait montrer la même retenue. Mais la politique de 1829 est exempte de l'une et de l'autre.

Comment un gouvernement a-t-il pu se rencontrer capable de pousser l'illusion si avant que d'imaginer l'Europe continentale prête à le suivre dans cette croisade contre la Grande-Bretagne? Et quelle méconnaissance du danger qui nous menace : la masse germanique qui s'agrège, se solidifie et qui pèse sur nous d'un poids mortel.

Justement inquiets de voir à nos frontières d'Alsace et de Lorraine « une Puissance aussi formidable que la Prusse », nous n'en concluons pas qu'il faut nous mettre en mesure de tenir tête à cette dangereuse voisine. Nous pensons qu'il faut la séduire à force de concessions, dussent ces concessions la fortifier, un jour prochain, contre nous. C'est ainsi que, non contents de lui abandonner la Saxe, nous l'appelons dans la Méditerranée; nous sommes prêts à l'introduire aux Antilles; nous la rendons, quatre-vingt-cinq ans avant Guillaume II, maîtresse d'Anvers. Charles X et son ministre vont plus loin que Bismarck : en faisant de la Prusse une Puissance maritime et coloniale ils anticipent le mot d'ordre fameux du Kaiser : « Unsere Zukunft lieft auf's Meer, notre avenir est sur l'eau ». La réunion de la Hollande était une des dernières étapes du programme pangermaniste et n'était même pas envisagée, en 1914, comme un des buts immédiats de la guerre.

Suffit-il pour dissimuler ces imprudences de marquer par quelques phrases qu'on reste théoriquement en garde contre les périls dans l'instant précis où on les prépare : « Il est toujours entré dans la politique de nos rois de conserver en Europe l'existence des États secondaires : ce sont d'utiles intermédiaires à placer entre les grandes Puissances dont ils empêchent le contact et le froissement ». Maxime inattendue sous la plume de qui augmente la Russie et l'Autriche des dépouilles turques, supprime la Saxe et partage les Pays-Bas entre la France et la Prusse. Selon le prince de Polignac, « il nous importe beaucoup de prévenir la réunion de l'Allemagne en un ou deux grands États. Si jamais cette circonstance se réalisait, cette contrée qui est aujourd'hui morcelée entre des princes qui ont besoin de notre protection ne nous offrirait plus alors que des forces rivales, jalouses et bientôt ennemies. Notre puissance relative en serait bientôt affaiblie ». Comment, en jugeant de la sorte, ne voyait-on pas que l'incorporation de la Saxe et de la Hollande à la Prusse conduisait droit à l'unité de l'Allemagne du Nord et que, loin d'être une garantie contre l'hégémonie prussienne, le développement parallèle de la Bavière, surtout après l'union économique que nous avions supporté s'établir entre les deux États, constituait un acheminement simultané vers cette unité? Le système de Sieyès, plus tard la théorie des trois tronçons de Rouher, l'un et l'autre si décriés, ne sont pas d'une conception plus aveugle, mais peut-être contiennent-ils moins d'utopie et de déraison. Avec quelle légèreté, quelle terrifiante débilité intellectuelle ne travaille-t-on pas à agrandir la monarchie des Hohenzollern : « la Prusse est le nœud de notre plan et il est indispensable de la contenter ». Polignac le mande à Mortemart : « le Roi porte cette conviction si loin qu'il ne vous autorise à rien conclure que dans la supposition de l'adhésion de la Prusse ». Nous comptons sur ses forces pour suppléer aux nôtres : « Ayant nous-mêmes peu de soldats disponibles en ce moment, nous devons attacher beaucoup de prix à attirer dans notre alliance des Puissances toutes militaires telles que la Prusse et la Bavière ».

*
* *

Il n'est que trop vrai, en effet, cet aveu. Le statut de l'armée française dû, presque tout entier, à l'un des maréchaux de l'Empereur, avait posé des principes excellents et formé sur le papier une organisation solide. Elle avait permis que ces promenades, qui se sont appelées l'expédition d'Espagne et l'expédition de Morée, fussent, sinon glorieuses, militairement honorables [1]. Mais, en fait, surtout depuis l'avènement de Charles X,

1. « On fit un armement assez considérable. Un corps de quinze mille hommes débarqua sans obstacle à Navarin, prit, après des simulacres de sièges, trois ou quatre places où les Turcs tenaient garnison et occupa les principaux points. Du reste, peu de gloire; point d'avantages commerciaux; nul accroissement d'influence; seulement la dignité de maréchal au général Maison et un caprice national satisfait. » BARON D'HAUSSEZ : *Mémoires*, 2 vol., in-8°, II, 140.

La campagne de Morée (juillet 1828) était agréable à l'Empereur l'institution n'avait pas progressé. La loi de 1824, qui rétablissait la conscription, ne prévoyait plus que des hommes non instruits pour les réserves, au contraire de la loi précédente qui les constituait par des sous-officiers et soldats libérés. L'État-Major était encombré. Si des chefs tels que Gouvion Saint-Cyr jouissaient de la considération universelle, d'autres, Marmont ou Dupont qui, à Baylen, avait livré son armée, après l'avoir fourvoyée, n'obtenaient que le respect extérieur dû au grade ou à la dignité, et, dans le peuple, Raguse était un terme de mépris et d'outrage. Des Émigrés qui n'avaient jamais été au feu avaient été nommés maréchaux de camp. Le duc des Cars qui avait porté les armes contre la France, sous Wellington, en Espagne était lieutenant-général. Les cadres étaient pléthoriques et médiocres. Pendant tout le règne, des mises en non-activité avaient été prononcées et des avancements donnés pour des motifs politiques, sur des recommandations de Cour, sans considération des services. Des jeunes gens, n'ayant reçu aucune instruction militaire, avaient pris la place des officiers mis en demi-solde et commandaient maintenant des bataillons ou des régiments. Les effectifs étaient réduits. En juillet 1830, il ne restait que 8.000 Suisses pour la défense des Tuileries, 25.000 hommes de la garde royale et quelques régiments de ligne pour celle du royaume : « Savez-vous combien nous avions de troupes, disait Louis-Philippe dans une conversation avec Odilon Barrot, Arago et

Nicolas, dont les troupes avaient, le 7 mai, ouvert, en franchissant le Pruth, les hostilités contre la Porte ottomane. Si donc elle n'augmenta pas notre crédit, tout au moins elle servit à nous le conserver intact en Russie. Pour ce qui est du bâton, encore que Maison fut un très brave soldat, il n'y fallait pas, sous la Restauration, pour en être honoré un service éclatant ni des talents hors de pair.

Lafitte; nous avions alors 78.000 hommes, en comptant l'armée d'Afrique, 78.000 hommes, pas davantage [1]. »

Quant à la flotte de guerre, tous les soins de Portal, de Clermont-Tonnerre et de Chabrol n'avaient pu en faire un instrument d'offensive. Les *Souvenirs* de l'Amiral Jurien de la Gravière montrent notre marine très inférieure à celle que Napoléon avait fini par se donner dans les dernières années de son règne. Elle ne comptait d'excellents officiers que ceux dont vingt ans de navigation et de guerre avaient formé l'expérience et trempé le caractère. Parmi eux se distinguait l'Amiral de Rigny, fils d'un ancien officier du régiment de Penthièvre, neveu du baron Louis. « Son tact, a dit de lui l'un de ses pairs, sa prudence, sa sûreté d'appréciation, sa ferme et honnête raison que rien n'a jamais pu troubler » lui avaient valu, à quarante ans, d'être, pour une mission au Levant, « investi d'une confiance dont, à tous les titres et à tous les degrés, il était digne...; il avait le mérite et la faveur ». Il a commandé l'escadre française à Navarin et il devait être, sous la monarchie de Juillet, ministre des Affaires Étrangères : « l'un de ces hommes rare à toutes les époques, écrit le duc de Broglie, mais qui jamais peut-être ne l'ont été plus qu'aujourd'hui, il savait conserver dans les crises politiques le sang-froid du Capitaine et élever l'art de commander jusqu'à l'esprit de gouvernement; il était à la fois au niveau de la politique et de la guerre ». La parole de Rigny, consignée dans des lettres privées, la plupart adressées à sa sœur, ou officielles, est irrécusable. Que dit-elle?

1. Odilon Barrot : *Mémoires*, I, p. 606.

Nous sommes en septembre 1827 : « Ces messieurs de Paris ont voulu improviser des vaisseaux de ligne... Quels vaisseaux, grands dieux. Il faut prendre sa tête à deux mains et s'étourdir sur les suites. Les vaisseaux turcs ne sont guère plus mal en ordre. Et moi, qui vois les vaisseaux anglais, tous les jours et qui me tue pour aller de pair, que vais-je devenir? Pauvre marine! » Ce misérable armement et le médiocre entraînement des équipages donnent à appréhender l'éventualité du blocus de la flotte égyptienne pendant les mois d'hiver. Point n'était besoin de la mauvaise saison pour nous désorganiser.

Dans la nuit du 30 septembre au 1er octobre, l'escadre louvoyait par un très beau temps entre le cap Saint-Ange et l'île de Cerigo. Le ciel s'obscurcit au coucher de la lune, et deux bâtiments qui couraient à l'encontre l'un de l'autre, le *Scipion* et la *Provence* s'abordèrent et ne s'en tirèrent qu'avec de graves avaries. Cet accident privait Rigny de la moitié de ses ressources : « Nous venions, rend-il compte au ministre, de convenir, l'amiral anglais et moi, de nous rejoindre avec toutes nos forces devant Navarin, le 14 de ce mois. Quelle étrange figure nous ferions et à quels commentaires ne prêtrions-nous pas, si par suite de cet abordage, il m'était impossible de remplir pour ma part cette convention. Quel parti les Turcs n'en pourraient-ils pas tirer? » M. de Chabrol comptait sur l'Amiral : « Votre excellent esprit, lui mande-t-il, saura triompher de tout. » Rigny avait justifié cette confiance. Mais que fut-il advenu si au lieu d'avoir à combattre, avec les Anglais, Ibrahim à l'ancre, privé de ses meilleurs officiers, il avait fallu faire tête aux navires de l'amiral Codrington « armés depuis deux ans et montés par des équipages dont l'incontestable supériorité était chaque jour démontrée »[1].

Pour les maîtriser, et sur terre les Autrichiens, si ceux-ci ne se laissent pas amadouer par l'offre de la Serbie et de la Bosnie, Charles X et son ministre, en cet état de l'armée et de la flotte, mettent leurs espérances dans les régiments prussiens et bavarois et dans la marine russe.

*
* *

L'insanité de cette politique peut donner à douter légitimement de sa réalité. Mais non. Elle a été délibérée au Conseil du Roi qui a consacré à l'examiner plusieurs séances, le Dauphin présent aux côtés de Sa Majesté; et M. le Duc d'Angoulême s'étant prononcé contre l'appropriation de la Belgique pour celle des provinces rhénanes, une note fut rédigée, — celle dont on a lu plus haut un extrait, — en vue de le rallier à la première solution. Bien mieux : ce projet a reçu la consécration de la négociation diplomatique et il a eu, encore qu'il n'ait pas prévalu, des conséquences politiques, imprévues de ses auteurs et jusqu'à présent inaperçues.

1. Deux ans plus tard, tous les Amiraux regarderont comme présentant d'insurmontables difficultés le transport et le débarquement d'un corps expéditionnaire, dont la force pourtant ne dépassait pas celle de l'armée d'Orient, sous Bonaparte, portée en Egypte par le Directoire, en pleine guerre navale, et qui prenait Malte en passant Ce qu'avait pu la flotte française, à peine réorganisée, en 1799, l'Etat-Major général de la Marine l'en tenait pour incapable, en 1830, dans la paix générale. Duperré qui avait fini par en accepter le commandement déclarait au ministre lui-même que « l'expédition n'avait pas le sens commun et qu'elle aurait des suites fatales ». — Archives de la Marine. — Jurien de la Gravière : *La Station du Levant*, 2 vol., in-8°, I, ch. IX, 169. Vicomte P. F. de Langle : *L'Affaire de Navarin. Communications et Mémoires*. Académie de Marine : t. VIII, 1829.

LA DÉLICATE MISSION DU DUC DE MORTEMART

On répète encore, sur la foi d'informations incomplètes, que la Restauration avait formé un plan pour rendre le Rhin à la France; qu'elle avait intéressé la Russie à ses vues et que, sans la révolution de Juillet, Charles X, avec l'aide du Tzar, aurait pacifiquement recouvré nos frontières naturelles. La vérité est que ce plan avait dû, avant la chute de la branche aînée des Bourbons, être abandonné. Il a échoué parce que la politique qui en est le principe manquait précisément des qualités qui seraient l'apanage, dans tous les temps, du régime dynastique : elle méconnaissait complètement les réalités et les contingences internationales.

Charles X n'hésitait pas à grandir la Prusse contre l'Angleterre. Il croyait que la Cour de Berlin prendrait à notre égard en vue du même résultat la même attitude. Il se trompait : la monarchie des Hohenzollern devait bien se ruer, un jour, contre la domination navale britannique, mais ce devait être seulement après qu'elle-même aurait conquis l'hégémonie sur le continent, et elle ne pouvait l'obtenir que par l'écrasement de la France. Celle-ci restait, dans le présent et dans le proche avenir, son principal adversaire. Jamais la Prusse n'eût assumé devant l'opinion allemande la responsabilité de renoncer pour un bénéfice particulier à la garde qu'elle montait sur le Rhin et qui groupait autour d'elle toutes les rancunes et toutes les convoitises germaniques. Pas davantage elle n'eut accepté, moins encore facilité notre accroissement en Belgique. Un remaniement général de l'Europe conçu en vue d'y restaurer la primauté française était bien la dernière chose dont elle voulût s'accommoder. Nous avons vu avec quel entêtement le gouvernement français avait négligé les indices multipliés qui eussent dû l'éclairer sur les dispositions de la Prusse. L'illusion se transmettait de Cabinet à Cabinet, le Roi lui-même plaçant sur les yeux du prince de Polignac le bandeau qui avait caché la vérité à ses prédécesseurs.

Parmi les erreurs de toutes sortes qui se perpétuaient, à Paris, une surtout était grave. On s'y méprenait sur l'attitude que pouvait adopter la Russie entre la France et la Prusse. On imaginait que la Cour de Pétersbourg, charmée par notre alliance, allait faire pression sur celle de Berlin pour l'entraîner vers nous avec elle. Tout au rebours, l'hostilité prussienne devait paralyser les tendances favorables de Nicolas Ier. La Prusse était notre ennemie irréductible et, de longtemps, la Russie ne se détacherait d'elle. Notre politique reposait sur une appréciation fausse. Au XVIIIe siècle, quand nous avions espéré de l'alliance autrichienne une garantie contre tout changement en Orient, nous ne prenions pas garde que Marie-Thérèse puis Joseph II étaient, par leur alliance avec Catherine II, intéressés à ces changements. Au XIXe siècle, quand, de 1815 à 1830, nous comptions sur l'appui russe pour fermer les brèches ouvertes dans notre frontière, nous étions moins excusables encore d'oublier que cette mutilation avait été exigée par cette même Prusse, à qui la Russie demeurait alors indissolublement unie.

La négociation diplomatique entreprise pour faire aboutir le plan des Tuileries ne servit qu'à mettre en lumière les vraies dispositions de la Cour de Pétersbourg. Pendant que, sur la foi de paroles sans portée, nous l'imaginions prêt, pour avoir les mains libres en Orient, à nous satisfaire en Occident, Nicolas Ier subissait plus que jamais l'influence de Frédéric-Guillaume III. Nous l'avons vu exploiter fort adroitement les espoirs qu'il savait régner à Paris et les flatter de telle sorte qu'à Londres et à Vienne on fut bien convaincu que la France ne resterait pas neutre dans un conflit austro-russe. Il s'était ainsi prémuni contre une agression. Il n'entendait pas pousser les choses au delà, contracter une alliance qui lui aurait imposé des obligations précises et nous aurait procuré des avantages définis et certains. En juillet 1829, au cours de son voyage à Berlin, il nous est apparu en proie aux inquiétudes qu'on lui a suggérées, sur la situation intérieure troublée de la France. L'instant fut décisif, et le Prince Royal, de Prusse, qui nous abomine autant qu'il a d'inclination pour l'Autriche, l'a bien employé à nous desservir.

*
* *

Sans doute, depuis un certain temps, le Tzar souhaitait un terme à la guerre. Celle-ci avait imposé à la Russie d'immenses efforts qui l'avaient épuisée. Partout, on réclamait le repos : « Je ne vois, confessait Nicolas Ier, que le plus universel et le plus ardent désir de paix ». Ce sentiment eut pû pourtant céder à la grande tentation qu'apportaient les circonstances, telles qu'elles apparaissaient à Pétersbourg. En Asie Paskiéwitch s'était avancé jusqu'à Erzeroum et s'en était emparé. Diebitch, ayant pris Silistrie et Andrinople, avait poussé ses avant-postes jusqu'à quelques lieues de Constantinople. Mortemart signale que « la désorganisation de l'armée turque est à son comble » et croit impossible « la moindre résistance ». Le Sultan et ses ministres le pensaient ainsi, peut-être à tort; car le général russe, aventuré en pays ennemi, loin de sa base d'opération, n'ayant pas plus de vingt mille hommes pouvait être attaqué de flanc par le pacha de Scodra qui arrivait sur lui à marches forcées. Mais l'énergie de la Sublime Porte s'était affaissée d'un seul coup. La Russie allait-elle enfin accomplir son rêve religieux et national, libérer ses frères, tous ses frères orthodoxes asservis au Croissant? Il n'y avait, pour ainsi dire, plus de sacrifices à consentir; il suffisait de recueillir le fruit de ceux déjà faits.

L'Autriche ni la Grande Bretagne surprises par ce brusque écroulement n'étaient en mesure d'intervenir pour arrêter le vainqueur. Metternich, toujours prompt et habile aux volte-faces, demandait seulement à prendre sa part du butin. D'ailleurs l'amitié déclarée et de la France et de la Prusse prévenait dans l'esprit du Tzar toute inquiétude. Pourquoi donc s'est-il spontanément arrêté? Pourquoi, ayant forcé l'accès de Constantinople, n'y a-t-il pas pénétré? C'est qu'à l'instigation de Vienne et de Berlin, sa pensée a été ramenée vers le péril des idées libérales. Il a hâte de retrouver sa liberté d'action, en cas d'aventure soudaine. Il redoute les répercussions d'un remaniement général de l'Europe. Que l'ouvrage du Congrès de Vienne soit remis en question, aussitôt toutes les passions, à si grande peine contenues, se déchaînent En même temps que les bornes des États les trônes des souverains sont ébranlés. Pendant plus de vingt ans l'esprit de conquête et l'esprit de révolution ont été associés : on ne peut réveiller l'un sans susciter l'autre. C'est sous l'empire de ce souci, qu'un mauvais état de santé développe, qu'est conclue la paix, à Andrinople, le 15 septembre 1829.

*
* *

Le 4 du même mois, Polignac avait envoyé au duc de Mortemart, pour lui servir de « document et de direction » dans ses conversations avec l'Empereur et les ministres russes, le texte du projet de réorganisation européenne que le Roi et son Conseil avaient, d'un vote unanime, adopté : « Vous n'auriez, prescrivait le Prince, aucun usage à faire de tout ce que je vous écris et le regarderiez comme non avenu dans le cas où un traité aurait été signé lorsque cette lettre vous parviendra. » L'ambassadeur n'avait point cru devoir observer cette réserve et il y avait à cette conduite d'excellents motifs.

La signature de la paix n'avait pas, en effet, mis un terme aux convoitises dont l'Empire ottoman était l'objet. On estimait qu'il n'avait obtenu qu'un simple sursis. Après avoir été longtemps son intransigeant protecteur, Metternich semblait résigné à sa ruine : les conventions d'Andrinople lui avaient porté « le coup de la mort » ; il n'y avait donc plus qu'à l'achever. Les agents autrichiens répétaient sans cesse « que la Turquie ne pouvait se relever; qu'il fallait pourvoir à l'équilibre par des combinaisons différentes. A Berlin, Bernstorff, tout en protestant que la « discussion d'un partage serait le plus grand malheur qui put arriver à l'Europe..., entrait avec complaisance dans des conversations sur cette éventualité ». Il chargea même Ancillon, de lui rédiger un mémoire sur cette question. Ce ministre, sans admettre l'idée d'un dépècement où il voyait la cause probable d'une guerre générale, convenait que l'Empire ottoman n'était plus « qu'un fantôme » et que « les derniers événements avaient porté une atteinte terrible à ses chances d'existence ».

Le comte d'Agoult, frappé par divers symptômes ne se lassait pas de revenir sur les craintes qui le dominaient depuis longtemps : un revirement de la Cour de Vienne et l'abandon de tous ses principes pour adhérer au sac de la Turquie et même le provoquer [1].

A Paris, on accueillait d'autant plus aisément ces craintes qu'on savait, depuis peu, avec certitude, par le propre témoignage du Tzar, que Metternich lui avait fait, peu de temps avant la fin de la guerre, des propositions en vue d'un démembrement de la Turquie, d'où nous aurions été exclus [2]. Les instructions données à Rayneval trahissent l'inquiétude, presque l'angoisse. Après avoir rappelé le refus, opposé par Nicolas Ier, d'un concert tourné contre la France, nous nous demandons si, maintenant qu'il n'a plus besoin de nous, il ne finira pas par prêter l'oreille aux suggestions dont on l'assiège : « Dans le cas où malheureusement l'Autriche réussirait à nous enlever notre seul allié réel, le premier effet de son triomphe serait de nous retrancher encore une fois du nombre des Puissances entre lesquelles sont réglés les grands intérêts du monde politique, de nous faire éprouver, et d'une manière bien plus complète, l'humiliation qu'elle ressent elle-même en ce moment. »

1. Berlin, 25 septembre 1829.
2. Mortemart à Polignac, 3 novembre 1829.

Plus nous sentions se multiplier les menées en vue d'opérer sans nous au Levant, plus nous étions amenés à persévérer dans nos projets. D'ailleurs, continuant leur jeu d'apparente franchise, leurs confidences calculées qui embrumaient la vérité plus qu'elles ne la révélaient, les Russes nous prodiguaient de bonnes paroles, des invitations sans engagement précis. Parlant à Mortemart, le 3 novembre 1829, des propositions autrichiennes qu'il avait écartées à la veille de la paix, l'Empereur engageait le Roi à s'occuper « des suites de la chute de l'empire ottoman... qui pouvait arriver d'un moment à l'autre. »[1]

Ainsi poussé l'ambassadeur s'ouvrit de nos projets. La Cour des Tuileries connut et approuva cette conduite et, quand une maladie du souverain vint entraver la marche de la négociation, elle ne cacha pas les regrets qu'elle éprouvait de ce contretemps qui venait interrompre « le contact de tous les moments » exigé par « les intérêts politiques dont s'occupaient les Cabinets de Petersbourg et de Paris »[2]. Mais dès la première conversation, Mortemart avait buté contre l'obstacle. Dans une dépêche, en réponse à une lettre particulière de Polignac, — dont nous avons la date, mais dont la minute n'est pas aux archives du Quai d'Orsay, il témoigne d'une vive répugnance à poursuivre : « Je ne répondrai pas aujourd'hui à la partie chiffrée de votre lettre et même je ne crois pas être en mesure de le faire d'ici à longtemps. Le moment n'est pas favorable pour aborder une pareille

1. La parole de Nicolas avait paru à ce point importante que Rayneval, alors Directeur des Affaires politiques, avait pris soin de la consigner à part dans une note intitulée : « Situation des affaires au moment de mon départ pour Vienne », novembre 1829.

2. Polignac à Mortemart, 3 janvier 1830. Affaires Étrangères, *Russie*. Correspondance générale, t. 180.

question. L'état d'épuisement des finances de la Russie après sa guerre avec la Turquie doit être sensible; la faiblesse de la santé de l'Empereur ne relève pas son énergie. Aussi toute idée qui ne tendrait pas directement au maintien du repos serait mal vue. Dans un laps de temps court, il en sera probablement tout autrement. De plus, mon cher Prince, me lancer sur un terrain que je prépare et j'observe depuis longtemps, en comprenant les difficultés et les dangers, sans autre secours que mon patriotisme et sans autre appui que quelques chiffres anéantis de votre part, j'avoue que cela m'effraie. » Et Mortemart, en terminant, conseillait d'ajourner toute négociation « jusqu'à l'ouverture favorable d'une session des Chambres » et demandait à recevoir ses instructions « de la bouche même du Roi. »

Ainsi le diplomate sur qui l'on avait compté se dérobait. Les motifs qu'il met en avant ne sont pas fallacieux. On n'est pas moins en droit de penser que l'accueil fait à ses ouvertures lui avait montré l'impossibilité du succès. Pareille hypothèse est d'autant plus autorisée que la Cour de Berlin fut, à cette date même, mise au courant des projets français. Avec netteté, Bernstorff s'y déclara opposé radicalement. Il eut là-dessus plusieurs entretiens avec notre Chargé d'Affaires. Le 8 décembre notamment, parlant des bruits « de partage et d'une nouvelle organisation de l'Europe », il interpellait notre représentant : « Donnez à votre gouvernement, recommandait-il, l'assurance que la Prusse ne veut que le maintien de ce qui existe. Son lot aurait pu être mieux fait par le congrès de Vienne, et le Roi aurait vu avec satisfaction alors ses Etats disposés d'une autre manière, mais Sa Majesté a cherché à mériter l'amour de ses peuples en faisant leur bonheur. Elle s'est attachée à ses sujets et il existe entre eux et le trône des liens que le souverain ne rompra jamais volontairement. » Le ministre, constate Mortier, avait pris un ton solennel en me tenant ce discours.

La Russie connaissait cette manière de voir et l'appuyait. Une conversation du Chargé d'Affaires de France avec un diplomate russe, de passage à Berlin, le comte Matuschewitz, qui revenait de Paris où le Tzar l'avait chargé de s'informer de la situation politique, ne laissait place à aucune équivoque. Le 3 janvier 1830, les agents prussiens recevaient ces instructions : « Le devoir et l'inclination du Roi ne lui permettraient jamais de consentir à séparer de ses Etats des provinces pour la prospérité desquelles il a fait des sacrifices dont on voit déjà si abondamment les heureux effets. Le Cabinet de Berlin profitera de chaque occasion qui se présentera, sans qu'on la recherche, pour convaincre la Cour de Russie et celle de France que, sur ce point, la résolution du Roi est irrévocable ». Refus formel, s'il en fût, et qui condamnait un plan fondé, de l'aveu de ses auteurs, sur la participation de la Prusse.

Pourtant, l'amitié de la Russie n'est pas restée stérile pour la France. Si Nicolas Ier s'est refusé à nous associer par une compensation prise dans les régions du Rhin ou de la Meuse aux profits du démembrement turc, il avait souci de ne pas dépiter une Puissance dont le concours lui restait précieux et lui permettrait, au jour fatidique, d'accomplir une décisive étape vers le Bosphore. Sans doute Mortemart lui avait-il tu que nous destinions Constantinople, comme capitale de la Grèce, au roi de Hollande transplanté aux pays du

Levant. C'est contre l'Angleterre qu'il voulait nous fortifier. Seulement il n'entendait pas que ce fût par la réunion des provinces belges qui eût alarmé la Prusse à peine moins que celle des provinces rhénanes. Il souhaitait pour nous un agrandissement qui, loin de porter ombrage à la Cour de Berlin, la rassurât, au contraire, en nous enfonçant dans la compétition britannique et en nous détournant des ambitions continentales.

On peut, à certains égards, comparer cette conduite à celle de Bismarck favorisant, après le traité de Francfort, notre expansion coloniale pour détourner nos pensées du Rhin. En 1830, ce fut l'Algérie que la Russie proposa à la France.

DU RÊVE A LA RÉALITÉ

Qu'on se rappelle les paroles adressées, le 19 juillet 1821, par Alexandre Ier au comte de la Ferronays : « Ouvrez le compas depuis le détroit de Gibraltar jusqu'au détroit des Dardanelles : voyez ce qui est à votre convenance et comptez, pour l'obtenir, non seulement sur le consentement, mais sur l'assistance sincère et efficace de la Russie ». L'expédition d'Alger est en germe dans cette promesse impériale. Tous nos espoirs d'une extension sur la rive gauche du Rhin sont nés, sans doute, de la même parole; mais ils en étaient une interprétation fantaisiste, une adaptation à nos plus anciens désirs. Quand nous avons voulu, sur le fondement posé par le Tzar, élever un autre édifice, nous n'avons jamais construit que dans la fiction. Pourtant nous nous sommes obstinés aussi longtemps que nous avons pu. Ce n'est pas de notre plein gré que nous avons renoncée à notre dessein pour nous engager dans la voie où nous conviait la Russie. Si l'on veut apprécier exactement l'expédition d'Alger, il ne faut pas la considérer du point de vue où le recul d'un siècle nous a placés. Il est facile, aujourd'hui, imposant aux faits une logique rétrospective, d'attribuer aux hommes de la Restauration un plan grandiose, la pensée de jeter en Afrique les assises d'un empire colonial destiné à remplacer celui que nous avions perdu en Amérique et aux Indes.

Si tel est bien le résultat qu'ils ont obtenu, ce n'est pas du tout le but qu'ils visaient. Ils y songeaient si peu qu'au début, reculant devant les embarras et les dépenses, ils avaient voulu confier à Méhémet-Ali le soin de venger notre honneur, en menant contre le dey d'Alger une expédition punitive. Nous aurions ainsi obtenu réparation, à bon compte, de l'affront qui nous avait été infligé. La Cour des Tuileries ne s'en tint pas au simple projet. Elle suivit des négociations ardues pour régler les détails de l'affaire tant avec le Pacha d'Égypte qu'avec les autres cours.

Lamartine nous a laissé un témoignage, précieux par sa sincérité, sur les intentions de Charles X. Celui-ci aimait le poète que l'Académie Française venait d'élire et il estimait le diplomate à qui il faisait offrir par Polignac la direction des Affaires politiques. Il l'appela, un jour, auprès de lui pour le décider à accepter ces hautes fonctions et aussi pour recevoir de sa bouche quelques renseignements sur la question d'Alger et « sur les manœuvres très hostiles de l'Autriche contre la France et contre la maison de Bourbon en Italie ». Le Prince se trouvait seul, debout devant une table chargée de cartes et de rapports. Il y avait dans son maintien « une douce majesté, de la sérénité sur son visage, de la bonté dans son regard. » Il ne s'attarda pas en propos oiseux. « Vous voyez, dit-il, en posant le doigt sur une longue dépêche de celui qu'il avait appelé à cette audience, vous voyez que je m'occupe de vous, et que je lis tout ce qui a rapport à mes affaires étrangères. Je viens de lire votre mémoire sur l'expédition que mon gouvernement médite en Afrique; et je suis content de vous, très content », ajouta-t-il, en insistant avec un sourire sur le mot, « si content que c'est la lecture de votre travail qui m'a décidé en grande partie». Le Roi faisait allusion à une étude demandée par le baron de Damas pendant le ministère Villèle sur les résultats qu'on pouvait se promettre d'une opération militaire contre les pirates barbaresques, sur les inconvénients ou les avantages qu'aurait, relativement à la Méditerranée, au commerce et à nos influences sur les côtes d'Italie et d'Espagne, une telle entreprise. Seul représentant de la France alors dans la haute Italie, par l'absence du duc de Laval et par la mort du marquis de La Maisonfort, le hasard avait désigné pour cette tâche Lamartine. Ses conclusions étaient la ruine d'Alger, l'extinction de la piraterie, non la conquête intérieure de l'Afrique. « Elles coïncidaient avec les idées personnelles de Charles X, qui voulait illustrer son règne par une gloire motivée, honnête et utile. » L'entretien s'étendit sur ce sujet [1].

*
* *

Si nous finissons par renoncer à cette idée bizarre de recourir à Mehemet-Ali, c'est sous la

1. Malgré les instances du Roi, Lamartine se crût tenu, par son dévouement même, à n'accepter pas la direction des Affaires politiques, non plus que le poste de ministre de France en Grèce. Il n'attendait rien de bon du Cabinet qui venait d'être constitué; et il s'en était expliqué, quelques jours auparavant, dans un entretien d'une noble franchise, avec le Prince de Polignac : « Je ne veux pas, avait-il déclaré à celui-ci, lier mon nom, quelque obscur qu'il soit, à la catastrophe de la légitimité et de la Charte, justement parce que je suis jeune et attaché à la dynastie par sentiment traditionnel et par amour sincère de la liberté régulière. »

L'amiral de Rigny avait de même refusé le Ministère de la Marine; M. de Marcellus le Sous-Secrétariat des Affaires Etrangères. Berryer avait décliné un grand emploi dans l'Administration. Tous les hommes considérables de celle-ci, de la Diplomatie, du Conseil d'Etat envoyèrent avec éclat des démissions. Chateaubriand revint de Rome où il était ambassadeur « renonçant à sa fortune pour sa conscience et pour sa renommée. ».

pression de Nicolas Ier. « Comment, s'écrie l'Empereur, lassé de toutes nos tergiversations, désireux d'occuper ailleurs les auteurs de la réorganisation de l'Europe, dont il demeure effaré, comment vous n'irez pas détruire ce nid de pirates et vous y établir pour nous en délivrer à jamais »? Manifestement, — et la correspondance officielle en donne la certitude, — ce n'est pas nous qui demandons à la Cour de Saint-Pétersbourg son concours pour exécuter un projet encore mal défini, c'est elle qui en précise le caractère et les contours, et qui nous pousse dans la voie qui convient, en outre, à sa politique. Mortemart harcèle sans relâche les ministres. Pour les détourner de s'en remettre au maître de l'Egypte et piquer leur orgueil, il leur rapporte les propos que tenait sur eux un Anglais admis au Palais : « Ils ne sont pas, affirmait l'insulaire, en état d'envoyer dix mille hommes châtier ces Barbares ». L'ambassadeur ne néglige aucun argument. Il s'élève aux vues d'avenir : « L'occupation d'Alger, si elle déplaisait à quelques personnes, serait un bienfait pour les nations civilisées. La franchise de son port, en offrant un refuge au commerce du monde y attirerait des richesses qui, versées sur un sol fertile, parmi une population facile à gagner par une justice protectectrice ou aussi facile à contenir par une place inexpugnable, en ferait une possession d'autant plus utile pour la France qu'à trois journées de navigation de ses côtes, elle pourrait lui fournir une grande partie des matières premières qu'elle achète à l'Etranger. Beaucoup d'autres avantages se présentent à l'esprit [1] ».

Pourquoi cette insistance, sinon parce que Mor-

1. Mortemart à Polignac, 6 octobre 1829, 22 février 1830.

temart sent le besoin de convaincre, jusqu'aux actes, son gouvernement. Aussi y revient-il sans cesse : l'appui russe nous est acquis d'avance. Ses sollicitations au Tzar pour se le faire repéter sont moins pour sonder une pensée qui lui est connue que pour peser, quand il en transmettra une fois de plus l'expression, sur l'esprit des Ministres français :

— Votre Majesté, dit-il, sent très bien que la France n'ira pas sacrifier ses trésors et ses soldats pour une expédition éphémère qui ne ferait cesser les brigandages des pirates que pour les voir recommencer de plus belle à la première occasion.

— Aussi, réplique l'Empereur, n'est-ce pas ainsi que je l'entends et que l'Europe doit le désirer. En tout cas, quelle que soit le détermination du Roi à cet égard, je l'approuve. Vous pouvez être sûr que je l'appuierai de toute mon influence [1].

*
* *

Se rendant à tant d'instances la Cour des Tuileries se décide-t-elle enfin à ne plus atermoyer et à ne pas procéder contre Hussein par procuration, aussitôt la Cour de Saint-Pétersbourg s'emploie avec une inlassable activité à aplanir tous les obstacles. Dès qu'il est arrêté que nous agirons par nos propres moyens Nicolas Ier fait fouiller toutes les archives de l'armée et de la flotte en vue d'y rechercher les documents qui pourraient faciliter la tâche de notre Etat-Major. [2]

Il intervient efficacement à Berlin; et Bernstorff, qui, d'abord, s'était montré tiède à notre

1. Mortemart à Polignac, 6 octobre 1829.
2. Mortemart à Polignac, 16 avril 1830.

action, devient tout à fait favorable après avoir pris les ordres du Roi. Il nous encourage vivement à ne pas nous laisser arrêter par l'opposition de la Grande-Bretagne : « Il ne comprendrait pas, déclare-t-il à Mortemart, de passage à Berlin, il ne comprendrait pas l'influence que des susceptibilités étrangères pourraient exercer sur nos sages et généreuses résolutions ». Le Cabinet, — et le cas est assez rare en Russie pour qu'il vaille d'être noté, — suivait docilement l'impulsion du Souverain. Le Vice-Chancelier répétait à notre chargé d'affaires, le baron de Bourgoing, que « la France pouvait compter sur le constant appui d'une alliée sure dans les développements ultérieurs que prendra cette question, lorsque le succès aura couronné les armes de Sa Majesté ». La prise d'Alger est considérée par l'Empereur, par la Cour, par la haute société, par tout le peuple de Pétersbourg comme une victoire nationale [1].

Que l'on compare cette attitude à celle qu'avait eue la Russie, quand nos vues étaient orientées vers le Rhin. Evidemment, elle n'entendait point nous sacrifier l'amitié de la Prusse, tandis qu'elle se réjouit de nous brouiller, elle l'espère, irréparablement avec l'Angleterre : c'est contre cette Puissance que sa politique et la nôtre s'articulent. Pour peu que l'on réfléchisse, on est frappé des analogies qui se retrouvent dans la position de la France pendant la guerre d'Espagne et pendant l'expédition d'Alger. Dans l'un et l'autre cas, grâce au Tzar, la neutralité de l'Europe nous est donnée et il nous est loisible de passer outre aux objections du Cabinet de Saint-James. Seu-

1. Le duc de Mortemart au Prince de Polignac, 16 mars 1830. — Le baron de Bourgoing au même, 2-20 mai, 1-23 juillet, 14-26 juillet. 12 août 1830.

lement, en 1823, Alexandre s'en tient à approuver et soutenir l'initiative de Châteaubriand; en 1830, c'est Nicolas qui excite et stimule les Tuileries. Cette distinction faite, la manœuvre diplomatique est la même dans les deux affaires. Il s'agit, soit pour obtenir la bienveillance opérante de la Russie soit pour lui permettre de se justifier, de couvrir de la doctrine de la Sainte-Alliance une action particulière de la France. La chose était, sans doute, plus facile en Espagne, où nous intervenions comme mandataires de l'Europe. En Algérie, où nous vengeons une querelle personnelle, le recours aux principes de ce pacte est plus malaisé. Nous les invoquons cependant, dans la mesure du possible. Nous ne manquons pas de souligner que notre réussite servira l'intérêt général dont la Sainte-Alliance se réclame. Nous nous appesantissons sur « la couleur tout européenne » de l'exécution du Dey et sur « les avantages que tous les peuples de la Chrétienté en attendent [1] ». La suppression de l'esclavage et de la piraterie, la liberté du commerce, voilà les conséquences que nous ne nous lassons pas de mettre en lumière. Quand on en est encore à poursuivre la punition d'Hussein-bey par la main de Mehemet-Ali, nous pr·testons que le Pacha « garantit de la manière la plus solennelle la conservation des droits et des privilèges dont les narions étrangères jouissent sur la côte d'Afrique, tout en établissant, de concert avec la France, le principe que, sauf les droits antérieurement acquis et existants, toutes les nations y seront traitées sur le pied de la plus parfaite égalité » [2].

1. Circulaire du ministre des Affaires Etrangères aux agents diplomatiques de la France, 14 juin 1830.
2. Le prince de Polignac au duc de Mortemart, 3 février 1830.

*
* *

Tandis que la France, fidèle à sa tradition historique, faisait habilement concorder les intérêts de la civilisation et ceux de sa politique, la Grande-Bretagne s'opposait aux premiers en prétextant des siens. Dès 1815, lord Castelreagh avait, à ce sujet, fait à Bernstorff « une naïve confidence », que le ministre prussien reppelait en ces termes à notre Chargé d'Affaires : « L'existence des Régences barbaresques, est une question qui a été souvent débattue chez nous. La réflexion et un examen approfondi nous ont prouvé que la survivance de ces pirates était plus utile que nuisible à nos véritables intérêts. Si, parfois, nous avons des contestations avec eux, nous les réglons par des sacrifices d'argent et rarement nous sommes obligés d'en venir aux moyens coercitifs. Ces deux alternatives (*sic*) conviennent encore mieux à la politique anglaise que la destruction des Régences qui, inévitablement, aurait pour résultat l'élévation sur la côte d'Afrique d'Etats qui, unis à la France, annihileraient notre influence dans la Méditerranée et, par contre-coup, y supprimeraient notre négoce ». Après quinze années, ces vues de l'Angleterre n'avaient pas changé : un établissement français en Algérie paraissait au duc de Wellington une menace pour son commerce dans cette mer latine et pour son empire des Indes. Elle préférait le maintien de la barbarie et de l'esclavage [1]. En contraste avec cet égoïsme, la situation morale de la France était excellente. Quelque

1. Le comte d'Agoult au prince de Polignac, Berlin, 30 janvier, 7 mai 1830. Le duc de Laval-Montmorency au même, Londres, mai 1830.

grand Etat continental, fort de son droit de réprimer les méfaits et les outrages d'un pirate doit-il, avant d'y procéder, se nantir d'une autorisation britannique? Quand le baron Mortier, interpellant Bernstorff, pose ainsi la question : Point du tout, réplique le Ministre; « et si quelque discussion s'élevait entre Paris et Londres, la Prusse désire que la France ait le dernier mot ».

Ne nous y trompons pas, toutefois. Le Cabinet de Berlin, en se prononçant aussi ouvertement pour nous, obéissait surtout au désir de plaire à la Russie. Sur le fond, il hésitait entre diverses considérations. La pensée qu'un établissement en Afrique nous détournait du Rhin; le vœu sincère qu'un succès raffermît la dynastie restaurée et éloignât une révolution toujours redoutée le poussaient à nous assister. Par contre, sa haine persistante, la crainte de paraître, aux yeux de l'Autriche et de la Grande Bretagne, abandonner « la cause européenne »; surtout l'appréhension qu'un succès militaire ne réveillât en nous des ambitions mal éteintes et dont le grand dessein de Charles X venait de lui révéler l'ampleur, mettaient de l'incertitude dans sa complaisance. On peut croire que la résultante de ces forces divergentes était le désir que la France obtint un demi-succès qui, sans trop exalter ses espoirs, l'engrenât dans une entreprise de longue haleine, pleine de difficultés, susceptible d'un échec final, après de longues années d'efforts qui nous auraient occupés et exténués.

La Prusse se réservait de rester spectatrice dans une guerre entre la France et l'Angleterre. Bernstorff, tout en exprimant des vœux en notre faveur, déclarait « que cependant cette question n'intéressait pas assez directement sa Cour pour qu'elle songeât à prendre parti dans le cas où éclaterait la guerre. Tandis que Charles X fait dire à Frédéric-Guillaume III « qu'il n'est aucune Puissance avec laquelle Sa Majesté soit plus disposé à se consulter particulièrement qu'avec la sienne » et lui exprime sa joie « qu'un accord si général de vues et de procédés rapproche les deux Cabinets dans les plus graves affaires de la politique », le Chancellier prussien se répand en phrases courtoises, abstraites et évasives, et s'abstient de tout mouvement qui pourrait nous servir [1].

*
* *

Quelles que fussent les directions d'intention de la Prusse, son attitude officielle et ostensible était un atout important dans le jeu français. La politique autrichienne s'en trouva sensiblement affectée. Les rapports de Londres et de Vienne rappelaient, avec plus d'égalité entre les parties, ceux de Pétersbourg et de Berlin. Pas plus qu'ici on n'eût sacrifié les os d'un grenadier poméranien aux intérêts russes, là on n'eût mobilisé une escouade de chasseurs tyroliens pour le seul avantage britannique : « Cette affaire, disait l'empereur François à Rayneval n'intéresse, au fond, que l'Angleterre. Il vous viendra de ce côté bien des difficultés et des embarras; mais cela n'ira pas plus loin [2] ». Au reste, les mêmes raisons de politique générale qui, en dernière analyse, rendaient la Prusse favorable à notre cause agissaient à la Hofburg : satisfaction de nous savoir occupés hors d'Europe, espoir qu'un renouveau de prestige

1. Le baron Mortier au prince de Polignac, 24 avril 1830. Le prince de Polignac au Chargé d'Affaires de France, 20 avril 1830.
2. Le comte de Rayneval au prince de Polignac, Vienne, 27 mars 1830.

militaire consoliderait la dynastie. Elle était, d'autre part, tourmentée par la même jalousie et retenue par la même peur, — celle que la nation ne fût violemment secouée, en France, par une victoire, au point d'imposer aux pouvoirs publics une politique de conquêtes et d'aventures extérieures.

Ces dispositions étaient, en définitive, assez bonnes. Notre diplomatie sut en tirer le meilleur parti. Pour calmer l'inquiétude constante que Metternich éprouvait sur la persistance dans notre pays de l'esprit de révolution et de guerre, notre ambassadeur lui représenta que le plus sûr moyen de l'allumer et de le propager serait de s'opposer au projet d'expédition formé par nous contre Alger. L'orgueil national s'irriterait et le gouvernement devrait lui céder ou serait emporté. En même temps, pour flatter la vanité du Chancelier, nous donnons comme fondement à notre résolution la doctrine de droit public qu'il avait, en maintes occasions, soutenue. Le moyen était sûr : « L'Angleterre, en vint-il à dire, ne peut s'obstiner à traiter avec la France seule une question que la France annonce vouloir traiter avec tous les Alliés des deux pays [1] ».

Il tint seulement à montrer qu'on ne lui en faisait pas accroire. Lorsque Rayneval, sur l'ordre de Polignac, lui donna « l'assurance positive que la France n'avait aucune vue d'ambition, qu'elle n'entendait point garder Alger et que, quand elle aurait assuré d'une manière efficace l'abolition de la piraterie et de l'esclavage et consolidé l'existence des établissements qu'elle possédait sur la côte d'Afrique, elle serait entièrement satisfaite », Metternich, ayant entendu ces protestations d'un désinté-

1. Le comte de Rayneval au prince de Polignac, Vienne, 8 mai 1830.

ressement, dont sa Cour et lui-même n'étaient point capables, et qu'ils ne pouvaient même pas concevoir : « Qu'une expédition si considérable, dit-il, soit formée uniquement par philanthropie par générosité, pour la gloire, ce serait une niaiserie... Il pense qu'un de ses principaux motifs est d'essayer par un succès militaire de rendre de l'ascendant au Pouvoir ». Content d'avoir ainsi prouvé sa supériorité, il ne chercha pas à nous contrecarrer activement. Son abstention isolait l'Angleterre. Si nos rivaux du continent la trouvaient toujours prête à les soutenir à fond contre notre hégémonie, elle n'obtenait, en retour, de leur part, quand il lui fallait défendre contre nous sa prépondérance commerciale et maritime, qu'un appui conditionnel et précaire. Le ministère s'était, dans toute cette partie diplomatique, laissé conduire par Rayneval, dont Polignac avait pris les avis et à la dextérité duquel il s'était fié : « Assurons-nous, d'abord, avait conseillé l'ambassadeur, de l'assentiment de la Russie et de la Prusse; adressons-nous ensuite au Cabinet autrichien; en même temps, éveillons l'ambition de l'Espagne et des Etats d'Italie. Lorsque les grandes Puissances seront réunies en conférence, l'Angleterre se trouvera toute seule; et, comme dans l'affaire d'Espagne, comme dans l'affaire de Grèce, elle finira par faire le contraire de ce qu'elle avait annoncé ». [1]

*
* *

Le pronostic n'était pas erroné. En vain le duc de Wellington et lord Aberdeen prirent le ton

1. Le comte de Rayneval au prince de Polignac, Vienne, 17 mai 1830.

comminatoire, déclarant que « la persistance de la France à refuser les explications qu'on lui demandait ferait retomber sur elle les conséquences de ce refus ». Le Cabinet des Tuileries, — admirablement secondé par le duc de Laval qui avait remplacé à Londres le prince de Polignac — garda un beau sang-froid et ne se départit pas d'une parfaire courtoisie. Sûr du concours effectif de la Russie et de la neutralité des autre Puissances, il marqua le coup plus que l'adversaire n'avait fait lui-même en le portant de manière assez débile. Il répliqua avec fermeté que « toutes les Cours de l'Europe ayant été satisfaites des communications que la France leur avait adressées, si le refus d'en donner d'autres devait entraîner des conséquences, la responsabilité en appartiendrait tout entière à ceux qui les auraient provoquées par leurs exigences ».

Vers le milieu du mois de Mai, le bruit s'étant répandu que l'escadre britannique de la Méditerranée allait être renforcée, il fut ordonné à notre ambassadeur de se rendre au Foreign Office pour s'informer de cette nouvelle et de représenter que semblable mesure serait de nature à affecter fâcheusement les relations des deux pays. Le Secrétaire d'Etat la démentit. L'amiral Malcolm avait bien annoncé à l'Amirauté l'intention de se porter devant Gibraltar; mais il n'avait pas été approuvé et des instructions lui avaient été données, par un sentiment de délicatesse envers la France, de s'abstenir d'un tel mouvement : « Néanmoins, avait ajouté Aberdeen, n'allez pas croire que nous ne serions pas bientôt prêts à tout événement si nous n'obtenions pas toute sécurité sur les desseins des 35.000 Français qui vont aborder en Afrique ». Ce n'était là que jactance et bluff. La menace n'ayant pas suffi, l'Angleterre devait s'incliner ou déclarer la guerre. Or, c'est une règle constante de sa politique de ne point se battre quand elle n'a pas sur le continent un allié déclaré ou prochain. Elle s'inclina [1].

*
* *

Le gouvernement français avait remporté un succès diplomatique. L'expédition lui donna le succès militaire. Il n'en recueillit pas dans l'opinion les fruits qu'il espérait. D'abord les passions politiques étaient trop fortement excitées. Mais surtout le souvenir des victoires et des malheurs de l'épopée impériale était trop récent. C'est là où nous avions été vaincus, plus encore par la trahison que par les armes de la coalition, et non ailleurs, que nous entendions prendre notre juste revanche. Une victoire sur les Barbaresques, n'était-ce pas une dérision? Le Rhin retenait les regards des patriotes français. Aucun n'était d'humeur à s'en détourner. L'expédition d'Alger parut diversion grossière au sentiment national; et d'autant plus que la direction en avait été commise à l'homme qui, ayant sollicité de Napoléon

1. L'ambassadeur britannique, lord Stuart, n'avait pas été dans cette crise l'intermédiaire qu'il eût fallu entre les deux Cabinets. Il n'était pas doué de beaucoup d'intelligence ni de tact. Castelreagh le qualifiait déjà de diplomate peu exact, non qu'il eût la volonté de tromper son gouvernement; mais son zèle était obtus. On sait l'algarade que lui valut avec le baron d'Haussez cette sottise. L'ancien ministre de la Marine, qui l'a contée, ne l'a certainement pas inventée de toutes pièces, mais il était fort capable de l'arranger. Bon administrateur, fort spirituel, pétri de savoir-faire et d'entregent, critique sans miséricorde et perfide, détracteur, comme personne. de la Restauration et de ses hommes, n'épargnant ni le Roi— il est fort dur pour Louis XVIII — ni les Princes, ni ses collègues, il était infiniement satisfait de lui-même. Aussi son témoignage, surtout lorsqu'il se met en scène, ne doit-il pas être admis sans circonspection ni confrontation. Mais les talents qu'il a déployés, devenu Secrétaire d'Etat, sont certains, de bon aloi et justifient la faveur royale.

une division et l'ayant obtenue, s'était, l'avant-veille de Waterloo, rendu coupable de félonie, d'abandon de poste et de désertion devant l'ennemi. Un tel choix et d'autres, inspirés du même esprit, pour le commandement d'une des trois divisions et d'une brigade, dénonçaient la préoccupation d'effacer par une espèce de réhabilitation l'impopularité de ceux qui en étaient l'objet et celle même de la Restauration. On n'avait réussi qu'à réveiller maladroitement et de la manière la plus inopportune des souvenirs qu'on eût dû prendre à tâche d'assoupir. Ineptie prodigieuse : on offensait l'opinion du peuple et de l'armée alors qu'on se flattait de la séduire [1].

La Restauration n'inaugurait pas une politique coloniale en Afrique septentrionale. De l'expédition même le duc d'Angoulême ne voulait seulement pas : « Je trouvai, reconte le baron d'Haussez, une forte opposition de la part de M. le Dauphin qui, peu satisfait des résultats de celle de Morée,

1. De sa désertion, en juin 1815, rien ne peut excuser Bourmont, non pas même l'opération heureuse de 1830, — que dix généraux, Girard, Gouvion-Saint-Cyr, Molitor, Clauzel et d'autres auraient aussi bien conduite. L'amiral de Rigny avait refusé, malgré les instances du Roi, de collaborer avec lui. Il est triste, il est révoltant qu'à l'occasion du centenaire de la prise d'Alger, des écrivains — qui font profession, à l'ordinaire, de flétrir le défaitisme, l'intelligence avec l'ennemi et d'être impitoyables à leurs auteurs ou fauteurs, — besognent sous l'empire de préoccupations étrangères à l'histoire impartiale, à tenter l'impossible absolution d'un crime flagrant, prévu et puni par le code de justice militaire, irrémissible devant toute conscience française. Et irrésistiblement, entendant ces apologies, on pense à Ney fusillé pour avoir accueilli son Empereur exilé, non par la nation, mais par les ennemis de la France.

Qui peut dire la part qu'eut le ressentiment dans l'attitude des troupes et des officiers pendant les journées de juillet où des régiments mollirent et abandonnèrent la cause de la dynastie? En partant pour Alger les soldats avaient chanté :

Alger est loin de Waterloo :
On ne déserte pas sur l'eau.
De notre général Bourmont
Ne craignons pas la trahison.

n'en prévoyant pas de plus avantageux dans celle d'Alger et envisageant de grands frais en hommes et en argent, déclara qu'il n'y donnerait jamais son consentement, engagement qu'il a tenu ». Et quand il n'y eut plus à y revenir il n'eût pas « été fâché, dans le fond, tout en désirant le succès, qu'on rencontrât dans l'exécution des obstacles propres à justifier sa constante improbation »[1]. Le ministère des Ordonnances était allé en Afrique chercher le prestige, non la possession. N'étant pas préparé à en découdre avec les Anglais et n'étant rien moins que sûr d'être soutenu militairement par les Cours de Pétersbourg et de Berlin, il tentait témérairement une double aventure. La fortune sourit à la France devant Alger; elle manqua à la dynastie dans les rues de Paris.

Charles X ne songeait guère à garder la Régence. Semblable dessein lui paraissait « d'un côté, entraîner beaucoup de dépenses et, de l'autre, devoir rencontrer beaucoup d'opposition ». S'il n'eut été sincère dans ses protestations de désintéressement, eût-il offert au Cabinet de Saint-James de constituer le Corps expéditionnaire en partie avec des troupes britanniques? Se fût-il, à trois

1. « Je ne sais ce que M. le Dauphin se fût montré sur le trône; mais s'il est permis de le juger d'après sa manière d'être comme héritier présomptif de la couronne, je doute qu'il eût fait un roi commode pour ses conseillers, agréable au peuple, éclairé sur les intérêts de l'Etat. Des moyens peu étendus, une brusquerie de caprice, un défaut absolu de formes et même de tenue et de maintien; une indifférence qui s'étendait à tout, aux choses comme aux personnes, même à ce qui semblait devoir le toucher de plus près; un besoin de se montrer désobligeant qui prenait les formes mesquines de la taquinerie; une sorte d'asservissement à de minutieuses pratiques de dévotion; une préférence exclusive pour les affaires militaires dont il ne s'occupait cependant que pour quelques revues qu'il passait et pour la nomination, non le choix, des officiers...; une indécision habituelle qui, par compensation, se changeait en entêtement, lorsque, non sans beaucoup de peine, il était parvenu à la surmonter. » Baron d'Haussez : *Mémoires*, II, 117.

reprises, engagé à remettre le sort de l'Algérie aux délibérations et décisions d'un congrès siégeant à Paris? Le 12 mai, « le Roi invitait dès cet instant ses Alliés à donner à ce sujet des instructions à leurs ambassadeurs auprès de sa Cour ». Polignac étudiait un plan de partage entre Puissances qualifiées méditerranéennes, où il ne nous donnait pas moins de sept associés : l'Autriche recevait Bône; la Sardaigne-Piémont, Stora; la Toscane, Gigelli; Naples, Songée; le Portugal, Tenez; l'Angleterre Arzeu; et l'Espagne, Oran. Qu'en pense Rayneval? On le lui demande confidentiellement. Après la défaite et la capitulation d'Hussein-Dey, le général Guilleminot, ambassadeur auprès de la Sublime Porte, était, le 17 juillet, chargé d'offrir au Sultan Alger et ses dépendances, moyennant, pour tout dédommagement, la remise entre nos mains de la ville de Bône, voisine de nos Concessions, afin de prémunir désormais celles-ci des dévastations dont elles avaient eu si souvent à souffrir. S'il y a quelque motif pour « garder Alger et coloniser la côte », c'est que « la Russie et la Prusse inclinent vers l'adoption de ce parti [1] ».

*
* *

Ainsi par la force des contingences le plan russe a prévalu. Nous sommes devenus les prisonniers fortunés de notre conquête et les événements ont suivi leurs cours. On peut même penser que nous aurions, pour reprendre en Europe notre liberté d'action, abandonné notre entreprise africaine, si à l'influence belliqueuse de Charles X ne se fût substituée l'influence pacifique de son successeur.

1. Dépêches à Rayneval et à Mortier.

Fermement résolu à éviter, même contre ses ministres, toute complication européenne, le nouveau monarque vit dans l'Algérie un exutoire au besoin d'expansion qu'il empêchait la France de satisfaire sur le continent. Peu de gens, au début, pensaient comme lui. L'opposition libérale n'était pas seule à se prononcer pour l'évacuation. La plupart des Chefs qui se battaient là-bas ne concluaient pas autrement, à commencer par Bugeaud qui le proclamait devant la Chambre des Députés, le 19 janvier 1837, près de sept ans après notre débarquement : « On vous peindra ce pays comme admirable et présentant le plus brillant avenir. Le coton, la cochenille, l'indigo, la poudre d'or, les plumes d'autruche viendront parer les discours de ceux qui défendent l'Afrique. D'autres vous diront avec de longs développements, *et plus de raison selon moi*, qu'il vaudrait peut-être mieux consacrer vos trésors et les bras de vos soldats à mettre vos landes en culture, à faire des canaux, des routes... Il importe d'avoir promptement une solution : l'intérêt du pays, *sa sûreté* peut-être, le commandent, car il n'est pas indifférent d'avoir 30.000 ou 40.000 hommes occupés au-delà des mers; l'intérêt des colons qu'on a attirés dans ce pays *par des espérances exagérées selon moi*; enfin l'intérêt, la gloire d'une armée qui prodigue depuis six ans son sang... »

Trois ans plus tard, le 14 janvier 1840, le futur duc d'Isly, considérant le choix d'une solution ne cache pas quelle serait la sienne, s'il en était maître : c'est l'abandon. Mais « la France officielle n'en veut pas; les écrivains, c'est-à-dire l'aristocratie de l'écritoire, n'en veulent pas. Les pères de famille, qui voient périr leurs enfants en Afrique pourraient penser autrement; mais ils ne parlent pas; ils n'écrivent pas; ils travaillent et ne sont pas consultés ». Eh! bien, puisqu'on ne peut pas se retirer, « puisqu'on est irrévocablement condamné à rester » il faut en finir radicalement et vite avec toute résistance, « abattre la puissance d'Abd-el-Kader » par une « grande invasion militaire » puis, par l'organisation et la colonisation pacifier les Arabes. « Tant que vous aurez 60.000 hommes en Algérie vous n'aurez pas la liberté de vos allures ailleurs ». Le grand mot révélateur est lâché.

Le Roi y ferma l'oreille : il était décidé à n'avoir point d'affaires en Europe. Mais il retint les critiques de ce valeureux soldat et il le nomma Gouverneur Général de l'Algérie. La Restauration n'avait pris pied dans cette Régence que par hasard, presque malgré elle, sans autre dessein arrêté que de gagner les sympathies d'une opinion dont on allait, par ailleurs, provoquer la colère. C'est Louis-Philippe qui, délibérément, délaissant les provinces rhénanes aussi bien que les provinces belges, nous y a établis, — œuvre persévéramment poursuivie, élargie par le second Empire et la Troisième République et, — considération qui doit être sans cesse présente à nos esprits, — accomplie sous le signe de l'entente franco-britannique, tantôt cordiale, tantôt revêche, souvent secouée, parfois, de notre part, trop subordonnée, mais, dans sa courbe constante, féconde en bienfaits.

CONCLUSION

Nous avons, dans un autre ouvrage, approfondi l'ancienne diplomatie de la France au regard de l'Allemagne. Il suffira ici de la définir en peu de mots, en la ramenant à son véritable objet : la sécurité. De celle-ci l'ancien régime a cherché les moyens par le système du contre-poids réalisé à l'aide d'alliances, telles que celles de la Porte ottomane, de la Suède, du Danemark, de la Prusse, de la Pologne, et par la division des forces germaniques, grâce à quoi la puissance de la monarchie française se trouvait augmentée. Les traités de Munster et d'Osnabrück avaient consacré cette politique. Mais, à l'avènement de Louis XVI, ces conventions célèbres avaient déjà subi les plus graves atteintes dans le double équilibre qu'elles avaient eu pour objet d'établir aussi bien en Europe qu'en Allemagne. Des nations qui, au temps de la minorité de Louis XIV, n'entraient presque pas en balance se sont poussées, par une persévérance opiniâtre, du second sang au premier; d'autres, qui y étaient garantes, se sont effacées. Dans leurs dépêches Vergennes et Montmorin peuvent bien encore se référer à ce monument de la sagesse de Mazarin, c'est par habitude, sans plus y croire.

Dans la seconde moitié du XVIIIe siècle, encore divisée en de nombreux Etats, l'Allemagne recevait de ses penseurs une émancipation intellectuelle qui déjà l'unifiait moralement. Même avant la critique de Lessing, la philosophie de Kant, les travaux de Herder, les œuvres de Schiller et de Gœthe, un instinct national couvait en elle sourdement. Les mots de patrie et de patriote apparaissent dans la correspondance diplomatique et les manifestes. De ce sentiment se réclament à l'envi Marie-Thérèse et Frédéric II : si on s'en prévaut, c'est donc qu'on sait sa vigueur profonde dans les âmes. Les princes pouvaient se montrer envieux du roi de Prusse, les peuples s'enorgueillissaient de ses succès. Gœthe et son père se « réjouissaient de ses victoires »; ils étaient fiers de le voir « appuyé sur sa force et semblant toujours être l'arbitre de l'Europe et du monde ». Selon un agent français les Allemands qui vivent en Amérique « l'idolâtrent ».

Adversaires ou amis de la Prusse, tous veulent mettre fin au morcellement de la Patrie. « Autant, écrivait Trenck, elle était méprisée quand elle n'était point unie, quand des divisions, fomentées par la politique de ses voisins y semaient les troubles et le désordre, autant elle est devenue formidable sous la protection prussienne, autant son alliance peut être désirable »[1]. A cette grande Allemagne l'Autriche et la Prusse doivent travailler ensemble. Ne sont-elles pas « de la même nation »? Ne parlent-elles pas « une langue commune? » Ainsi, de nos jours, discourent les partisans de l'*Anschluss*. C'est ce patriotisme qui entraîne des Rhénans, Stein et Hardenberg, à entrer au service de la Cour de Berlin et qui donne au Fürstenbund pour premier adhérent l'Electeur de Saxe, d'ailleurs encouragé à ce dessein par Louis XVI.

1. Examen de l'Histoire secrète de la Cour de Berlin, 1789. Dans cet ouvrage Trenck se proposait la critique du livre de Mirabeau.

Sans doute, nos grands Secrétaires d'Etat se sont constamment érigés en défenseurs des libertés germaniques, c'est-à-dire de l'indépendance des Etats secondaires contre toute centralisation. Mais quelle fut, au vrai, leur politique en Allemagne? Elle consistait essentiellement, en s'appuyant sur les Etats moyens et petits, à leur permettre, pour prix de leur concours, de s'accroître sur la rive droite du Rhin, tandis que la France s'étendait, pas à pas, sur la rive gauche. La monarchie, à son insu, peut-être, mais incontestablement, travaillait lentement et obscurément à l'unité allemande, *pourvu qu'au progrès de cette unité correspondît la conquête de ses frontières naturelles.* Tous les princes ont été ses clients, et leur force, accrue par ses soins, acheminait peu à peu vers la simplification et l'organisation le chaos germanique. En se prêtant à elle ils attendaient, en remunération de leurs services, une extension de territoires, une concentration de souveraineté, une augmentation de puissance. La sécularisation des domaines ecclésiastiques y pourvut. Que cette diversité sans cesse réduite dût enfin aboutir à l'unité, la perspective était lointaine, inévitable pourtant. Un même esprit national, confus mais certain, dominait ces satellites intermittents de la France. Tous, appuyés sur elle pour prendre, tendaient, pour garder, à entrer en lutte contre elle. L'Electeur de Brandebourg, l'Electeur de Bavière, l'Electeur de Saxe recherchaient l'alliance du Roi pour rogner les prérogatives de l'Empereur ou empiéter sur les privilèges des villes et des barons, leurs voisins; mais comme ils se retrouvaient, vite et aisément, Allemands, aussitôt que le zèle antifrançais leur paraissait utile pour faire consacrer par la Diète des accroissements que la France avait facilités! Si empressés de nous abandonner les Trois Evêchés, Toul, Metz et Verdun, moyennant la garantie de leur indépendance contre l'Autriche, il n'en était aucun qui ne se signalât ensuite par son zèle à soutenir l'Empereur dans ses tentatives pour nous les reprendre, et tout de même pour l'Alsace et la Lorraine.

Peu d'années après le traité de Munster, Louis XIV les avait vus tous, sauf le Bavarois, se ruer à la curée de son royaume. S'il advenait que Louis XV pût amener à Rosbach l'armée des Cercles, celle-ci se mettait sans façons ni honte en fuite devant Frédéric. Altesses et ministres recevaient de Versailles subsides et pourboires, se pliaient à ses vues, remplissaient ses instructions, sauf enchères supérieures, et ne haïssaient que davantage nos bienfaits prétendus. Ils nous coûtaient cher et ne nous donnaient pas autant qu'ils recevaient. Ne recrutions-nous pas en Allemagne? Eh! oui; mais non pas seuls. Le landgrave de Hesse-Cassel, — « de tous les princes de la terre il n'y en a pas un qui ait, comme lui, une haine aussi prononcée contre tout ce qui porte le nom français », — avait vendu à la Grande-Bretagne pour battre les Insurgents d'Amérique tant de ses sujets qu'il avait dépeuplé son pays. D'autre part, « les troupes allemandes que le Roi entretient à son service ne sont, à quelques régiments près, qu'un ramassis de déserteurs et de vagabonds ». « Des traités souvent violés, de l'argent souvent perdu »[1]. En 1787, on était bien près de conclure à la faillite du système : « Peut-être ne serait-ce pas un malheur. On est tenté de mettre en question s'il ne vaudrait pas mieux pour les intérêts de la

1. Affaires Etrangères. Mémoire de 1784.

France d'avoir, en temps de guerre, les Etats de second ordre plutôt pour ennemis que pour alliés »[1]. De nous défier de ces amis d'Allemagne nous n'avions que trop de raisons, et bonnes. A Munich aussi bien qu'à Berlin on se fait une loi de l'ingratitude. Le roi Louis Ier de Bavière était né à Strasbourg. Louis XVI lui servit de parrain; la France, en 1779, sauva son héritage, en l'arrachant aux griffes de l'Autriche, qui le lui voulait prendre, et dont, plus tard, Napoléon fit un royaume. En 1806, il vint en Alsace saluer l'impératrice Joséphine et lui faire très obséquieusement sa cour; sa sœur allait épouser le prince Eugène de Beauharnais. Mais entre deux visites, confiant à son journal le secret de ses pensées, il écrivait : « Ce serait pour moi la plus chère fête de victoire, si cette ville où je suis né pouvait un jour redevenir allemande »[2].

*
* *

L'équilibre germanique, tel que l'ont conçu, organisé les négociateurs de 1648, est compromis. « Il est perdu depuis que l'Allemagne tend à se former en grandes masses qui par attraction naturelle s'aggrègeront tout ce qui sera à leur convenance »[3]. Ce point n'échappe pas au Cabinet de Versailles. Mais tout soucieux qu'il est des ambitions de la Cour de Berlin, Vergennes n'en persiste pas moins à penser et à dire que la Prusse est l'alliée naturelle de la France. Elle lui est utile pour contenir les appétits de la Maison de Habsbourg. Ses agrandissements le consoleraient

1. Affaires Etrangères. Mémoire demandé par Montmorin au baron de Groschlag.
2. Heigel. *Ludwig I, König von Baiern*. Leipzig, 1872.
3. Mémoire de 1784. Affaires Etrangères.

presque du partage de la Pologne, s'il en pouvait être consolé : « Où en serait la France aujourd'hui si les efforts monstrueux auxquels l'Autriche s'est livrée pendant la guerre qui a fini en 1763 avait eu l'effet qu'elle s'en promettait infailliblement? Le roi de Prusse écrasé, sa puissance anéantie, la France se trouvait réduite à l'humiliante alternative ou de n'avoir point d'alliés dans l'Empire ou de subir la loi que son allié précaire aurait voulu lui imposer... » Qu'elle s'accroisse encore davantage, il n'y a point d'inconvénients, *pourvu que ce ne soit pas sur le Rhin.* Le ministre de Louis XVI ne reculait même pas à sacrifier le pacte de famille : « On ne craindra pas de le dire : s'il fallait opter entre la conservation des branches de la maison de Bourbon en Italie et celle de la puissance prussienne en Allemagne, *il n'y aurait pas à hésiter entre l'abandon des premières et le maintien de l'autre... Les Bourbons d'Italie, relativement à nous, ne peuvent être considérés que comme un objet de luxe politique. Il n'en est pas de même de la Prusse.* Sa puissance consolidée, surtout depuis l'acquisition *de la Prusse occidentale, lui donne un poids considérable dans la balance intérieure de l'Europe* » [1]. C'est dans ces vues que nous prêtions les mains à Frédéric II, pour la formation de l'Association des Princes. Les instructions données au ministre de France à Dresde ne sont pas moins explicites. Sa Majesté trouve dans l'intérêt de sa couronne un motif de désirer que la Cour de Saxe en s'attachant par des liens indissolubles à celle de Berlin « augmente par l'union de ses ressources les forces prussiennes... [2]»

1. GEORGES GROSJEAN. *La Politique rhénane de Vergennes.*
2. Mémoire pour servir d'instruction au vicomte de Vibraye, Brigadier des armées du Roi, allant résider à Dresde, en qualité de

La République et l'Empire, héritiers de la pensée politique de l'Ancien Régime et de ses méthodes les poussèrent au paroxysme. La France entra en tractation avec les Etats allemands pour qu'ils soutinssent contre l'hostilité autrichienne ses propres agrandissements sur la rive gauche. Et, comme ceux-ci se trouvaient, cette fois, arrivés à leur terme logique, les concessions accordées à nos alliés de la rive droite furent d'autant plus larges. Une Allemagne divisée encore, mais en progrès sensible vers l'unité; une France étendue jusqu'au Rhin : tel est le fait acquis dès 1795, qui n'est, à en bien juger, que la conclusion, brusquée par suite de circonstances exceptionnelles, de l'effort monarchique antérieur. Le grand recès de 1803 est dans le droit fil de cet effort; l'opération en quoi il consiste est, amplifiée, selon le plan des traités de Westphalie. Et, de même que Mazarin, pour conserver l'Alsace, payant, par la sécularisation des territoires ecclésiastiques, la complicité des Princes enrichis et arrondis, a conçu la *Ligue du Rhin*, Napoléon avait formé, en 1806, sous l'empire des mêmes préoccupations et nécessités, la *Confédération du Rhin*, dressée, cette fois, aussi bien contre la Prusse que contre l'Autriche.

*
* *

Deux moyens d'assurer la sécurité française s'offraient aux successeurs de Talleyrand, ministre de Louis XVIII et de Charles X, entre lesquels il fallait choisir : maintenir la division des Alle-

ministre plénipotentiaire de Sa Majesté auprès de l'Electeur de Saxe 19 décembre 1784. AFFAIRES ETRANGÈRES. *Saxe*. Mémoires et Documents; t. IV.

magnes; opposer à l'Allemagne unie la frontière du Rhin.

Encore aujourd'hui, des critiques de la paix de 1919 déplorent que les plénipotentiaires français n'aient pas fait prévaloir le système des traités de Westphalie, sur l'esprit et l'application desquels leur érudition est assez courte, et leur interprétation osée. Il eût fallu revenir aux méthodes de l'Ancien Régime qui avaient heureusement inspiré les solutions de 1815. Déplorant la dissolution de la monarchie danubienne et croyant revenir à l'alliance de 1756, à laquelle ils attribuent le caractère d'un dogme diplomatique, ils donnent comme une conception transcendante celle qu'eût été la réunion de la Bavière à l'Autriche, combinée avec une occupation indéfinie de la rive gauche du Rhin, sans se douter que par cette merveille de leur industrie l'Anschluss eût été rendu plus aisé et avancé de vingt ans, sans se souvenir non plus, étourderie fâcheuse, — ou sans savoir — que si la Rhénanie est prussienne, elle est également, et par le même acte juridique international, bavaroise. A les en croire, rien de plus facile que de ressusciter l'ancienne Confédération germanique, sinon telle qu'elle était en 1789, du moins ainsi que l'avait faite le Congrès de Vienne : il suffisait de ne pas conclure, à Versailles avec le Reich, mais avec chaque Etat, à part. Par ce moyen, le plus facile du monde, l'instinct séparatiste étant congénital aux Germains et incoercible, on aurait pour longtemps, rompu la solidarité factice de l'Allemagne, œuvre diabolique de la Prusse, et fondé la paix universelle.

Comme elles ont bel air sur le papier, ces formules énoncées en maximes. L'école les donne pour des oracles d'une irrésistible infaillibilité;

les diplomates consultants les propagent, et les amateurs, qui croient tenir en elles la clef des arcanes interdits au vulgaire, prennent à bon compte, en les répétant, figure d'initiés. Celle-ci paraît juste. A la considérer de plus près elle est décevante. La tradition peut être aussi bien maîtresse d'erreur et de fausseté que de sagesse. Qui n'en aperçoit que la lettre ne la connaît pas, en tout cas n'en pénètre pas l'essence. Prétendant la continuer ou la renouer, on la dénature. La politique qui s'est proposé pour fin la sécurité française par l'antagonisme, entretenu ou provoqué, des Allemands, les uns contre les autres correspond à un moment de l'Histoire. Elle fut conduite, non pas, certes, toujours, mais souvent, avec beaucoup d'attention et d'adresse. Ses auteurs ne lui ont jamais assigné un caractère d'immutabilité ni de pérennité. Si elle mérite, le plus souvent, l'admiration, — un peu conventionnelle de la part de quelques-uns qui n'y ont pas regardé de bien près, — n'est-ce pas justement parce qu'elle fut adaptée aux circonstances? La prolonger, y persister quand la situation réciproque des peuples a varié, n'est plus que paresse de pensée, routine de chancellerie, snobisme de néophytes envoûtant des badaux, à peine moins déniaisés qu'eux-mêmes. La croire possible et la prôner, n'a servi jusqu'ici qu'à offenser le patriotisme des Allemands, parmi lesquels les Bavarois, qui en sont plus spécialement l'objet, ne se sont pas montrés moins irrités que les Prussiens.

Au temps de la Restauration les âmes germaniques s'étaient élevées à l'idée de devoirs et de sacrifices communs. Les suggestions de l'intérêt se superposaient aux considérations de l'ordre moral. Combien l'Allemagne nous serait agréable s'il lui plaisait de continuer à rester divisée pour l'amour de notre tranquillité et à notre plus grand profit. Mais elle ne le veut pas. Rumigny ne cessait de le répéter : « Nous ne devons pas perdre de vue qu'elle est à la veille de se modifier. Elle vise à une transformation. Il serait impossible de l'arrêter ». Le temps est révolu où elle nous offrait contre elle-même des complicités payées. Imaginer que, pour la tenir dans l'impuissance, on lui imposera encore longtemps le morcellement dont elle cherche à s'affranchir; qu'on l'abusera sur son intérêt évident, grâce à sa passion du schisme et de la dissidence; qu'on entraînera vers des buts divergents et qu'on fixera dans le « particularisme » des populations que plus rien ne séparait politiquement, sinon les amours-propres des dynasties, c'est se perdre dans les mirages du passé. Les hommes de la Restauration se gardèrent de cette chimère. « On ne disconvient pas que l'état de choses actuel ne nous soit plus avantageux, encore qu'il n'en puisse sortir rien de fécond dans l'avenir; mais peu importe de le reconnaître, si cet état de choses n'a aucune chance de durée. Ne faut-il pas suivre la pente irrésistible des événements dès lors qu'en s'attachant à un système qui s'écroule ou courrait le risque d'être pris au dépourvu dans la combinaison des chances nouvelles qui s'élèvent et grandissent? [1] ». Cependant ne pouvait-on pas tenter d'arracher à l'empire de la Prusse l'Allemagne méridionale? Louis Ier de Bavière « craignant pour son indépendance politique », marque un temps, esquisse un mouvement vers nous. Les Tuileries n'ont cessé de professer académiquement qu'une alliance

1. Rumigny à Polignac, Munich, 30 janvier 1830. Affaires Etrangères. *Bavière*. Correspondance générale, t. 200.

entre les deux Cours était désirable. L'occasion se présente — ou jamais — de grouper en un faisceau les Etats du Sud et d'ériger à côté de l'Autriche et de la Prusse une troisième Puissance germanique rivale des deux autres, à la fois protégée et soutien de la France. Guillaume de Wurtemberg a recommandé cette solution. Il semble qu'on eût dû, à Paris, accueillir avec empressement les avances de Munich et de Stuttgart. Cependant nous les avons écartées et nous avons abandonné l'Association du Midi. Accordons-nous quelque considération à l'Association centrale, beaucoup moins forte que les deux autres, le ton de cette approbation est celui de la circonspection et du doute : « Nous pouvons, lit-on dans une dépêche de 1829, par le moyen d'une Ligue commerciale faire renaître ces rapports de bienveillance et, peut-être, de protection que la France entretenait autrefois avec ces Etats ». Déclarations, devenues de style par une longue habitude, auxquelles on ne croit plus, que ne soutient aucun acte, nulle initiative, pas le moindre geste efficace. Un vœu, et c'est tout : *sunt verba et voces, pretereaque nihil.*

Et pourtant jamais gouvernement ne fut mieux et dûment averti. C'est le 21 février 1828 que la Prusse et la Hesse signent la convention qui est la charte de l'Association du Nord. Le 29 de ce même mois, Allaye de Cyprey dénonce le dessein qu'elle poursuit : « Elle veut étendre sa ligne de douanes; elle veut maîtriser la navigation du Rhin et nous ne voyons pas où s'arrêtera son ambition fiscale et administrative ». Il montre dans une perspective peu éloignée « les douaniers prussiens placés à nos portes depuis la frontière des Pays-Bas jusqu'à celle de la Suisse... et toute l'influence commerciale et politique du midi de l'Allemagne tombée sous le sceptre de la Prusse ». Nos représentants surveillent les pourparlers qu'elle engage à Carlsruhe. Son échec provisoire ne suffit pas à les rassurer. Leur inquiétude grandit, au contraire, quand ils la voient concentrer son activité sur Munich. Que les deux groupes économiques se rejoignent, force sera aux Etats intermédiaires pris entre les deux masses homogènes de céder à l'impulsion devenue irrésistible et d'adhérer à l'Union formée à l'exclusion de l'Autriche. On entrevoit le Reich bismarckien : « La Prusse exercera sur ses associés une prépondérance qui surpassera tout ce qui a existé dans ce genre jusqu'à ce jour et tout ce qu'il est possible d'imaginer »[1].

* * *

La vigueur qu'avait acquise en profondeur et en intensité la Deutschheit écartait l'action de la France dans les affaires intérieures du Bund. Les tentatives de Vienne et de Berlin pour se prévaloir de ce sentiment atteste son prestige. Il les domine déjà l'une et l'autre, et celui des deux gouvernements qui se donne le mieux l'apparence de la servir marque sa place en tête du mouvement : C'était la force de l'ambition prussienne d'être couverte et patiente. Loin de précipiter le cours naturel des choses, elle se contentait de le dériver vers elle, en attendant l'heure propice à le capter. L'annexion de la Saxe à la Prusse ne rencontrait qu'un obstacle, à l'opinion du comte de Caraman, et il était seulement dans « la droiture personnelle du roi Frédéric-Guillaume qui lui eût fait repous-

. Rumigny à Polignac. Munich, 3 avril 1829. Affaires Etrangères. *Bavière*. Correspondance générale : t. 198.

ser tout moyen indirect et déloyal... » Aussi son ministre se bornait-il « à préparer le moment où une secousse, dans la supposition d'événements fort éloignés encore en apparence, pourrait appeler sa Cour à recueillir ce qu'elle avait semée »; et il estimait « n'y avoir pas besoin de se presser »[1]. Hohenzollerns et Wittelsbachs pouvaient ressentir, les uns à l'égard des autres, la plus vive jalousie: celle-ci les incitait à l'émulation plus qu'à la défection patriotique. Il y avait entre eux des rancunes vives et récentes. Le roi de Bavière n'ignorait pas qu'à Berlin on professait pour sa personne « une antipathie décidée ». Il avait vu, au lendemain de son avènement, la politique prussienne s'exercer contre lui, à Bade, et « tenter de l'encercler ». N'empêche qu'en juin 1830 il fait savoir à Frédéric-Guillaume « qu'il sera toujours disposé à s'entendre avec lui... »

Plus encore que leurs princes, Prussiens et Bavarois et tous les autres communient dans la Patrie allemande. Les affaires de la Confédération peuvent les mettre aux prises. En 1866, ils entreront en hostilité pour ou contre l'Autriche. Mais l'année suivante, les Etats du Sud mettront contre nous, en vue de la prochaine guerre à nous faire, leurs armées à la disposition et sous le haut commandement de la Prusse et c'est sur la proposition de Louis II que sera déférée à Guillaume Ier la couronne impériale héréditaire.

Dès 1823 on le pouvait pressentir. Un diplomate expérimenté, le marquis de la Moussaye, accrédité auprès de la Cour de Munich, croyait remplir un devoir en « combattant de toutes ses forces la dangereuse illusion qui représentait les Puissances

1. Mémoire de Caraman, en fin de mission. Dresde, août 1830. AFFAIRES ETRANGÈRES. *Saxe.* Correspondance générale : t. 94.

secondaires de l'Allemagne comme prêtes à se jeter dans les bras de la France»[1]. A toutes l'unité germanique se manifeste comme une nécessité et un instinct unanime en remettait la tâche à la Prusse. La première, elle avait eu, même aux yeux des Libéraux, à quelques exceptions près, ce mérite de guérir la nation germanique du « grand élan nostalgique qui, au XVIIIe siècle, précipitait tous les esprits avides de liberté vers le rêve céleste et bienheureux d'une humanité idéale »[2]. Pour accomplir l'œuvre du siècle il n'est que ce réalisme inflexible et dur, qui marche à son but sans broncher ou dévier, sans hâte ni retard. En 1815, l'année même où Bismarck vient au monde, un Rhénan, plus tard devenu Bavarois et de grand renom, Gœrres, se faisait l'annonciateur de l'œuvre et de l'homme : « Le *Dux fortissimus* des anciennes prophéties n'est pas encore apparu, mais il viendra. C'est lui qui nous apportera le salut et qui nous tirera de la confusion et du désordre. Il agira par le fer et par le sang, durch Eisen und Blut... »

*
* *

A l'origine, la politique extérieure des Tuileries posait en principe qu'« en Italie il faut empêcher l'Autriche de dominer et en Allemagne la Prusse » et que pour brider la seconde il fallait s'aider de la première et ainsi se délivrer du cauchemar de l'unité germanique. Mais comment pouvait-on se persuader que la Cour de Vienne se prêterait, à un système qui impliquait dans la Péninsule

1. La Moussaye à Chateaubriand. Munich, 15 juin, 8 juillet et 8 octobre 1823. AFFAIRES ETRANGÈRES. *Bavière*. Correspondance générale : t. 194.
2. FRITZ BLAY : *Die Welts stellung des Deutschtum*; p. 23.

sa satiété, sinon son éviction. Elle était bien éloignée de tant de sagesse. Trente-cinq ans plus tard, François-Joseph, chassé de sa capitale, en même temps que Metternich, une partie de ses Etats soulevée, s'y refusait encore par la bouche de Schwartzenberg, son nouveau Chancelier. Et l'on peut dire que l'entité austro-hongroise s'est décomposée, d'abord, pour avoir mis les Prussiens sur le Rhin, ensuite pour n'avoir pas su, jusqu'à l'avènement du malheureux Charles II, en 1917, se défaire de cette passion congénitale et maniaque, frénésie d'annexion et de *Drang nach Osten*, qui la poussait en tous lieux et en tous temps, de paix ou de guerre, à s'agréger des éléments réfractaires; incapable, d'ailleurs, de les fondre en une masse homogène, de réaliser la synthèse des particularismes divers dont elle est la somme, ou seulement de se les attacher par l'égalité des droits; tant et si bien que sa fin a été proprement un suicide.

Ayant interdit la Saxe à la Prusse, Metternich ne s'était plus soucié de l'Allemagne que pour y mâter le libéralisme jusqu'en la personne du roi de Wurtemberg, convaincu de partialité en faveur de la France, et pour y guetter l'occasion de spolier d'un district ou deux la Bavière frémissante d'inquiétude et de colère. Occupé des Balkans et de la Turquie, il demeure parfaitement indifférent au Zollverein. « Il annonce prendre un intérêt peu prononcé aux discussions commerciales qui tracassent la Confédération. Il dit, à ce sujet, que l'Autriche placée au dehors de ces combinaisons n'a qu'à les observer sans se charger de les diriger et qu'il lui paraît devoir en être de même pour la France... » [1]

1. Caraman à Polignac. Dresde, 2 août 1830. Affaires Etrangères. *Saxe*. Correspondance générale : t. 95.

Le Cabinet des Tuileries peut regretter cette attitude du Chancelier. Il y conforme néanmoins la sienne, d'autant plus volontiers que celle de Londres et de Pétersbourg n'en diffère pas. Il n'entreprend rien contre la solidarité germanique qui, si elle ne s'est pas encore donnée ses organes d'Etat, a pris d'elle-même une conscience résolue aux actes. Il refuse de présider à l'organisation de l'Allemagne du Sud en une confédération distincte de celle du Nord. Sans doute est-il persuadé, — et non sans raison — qu'à la réussir cette combinaison n'eût pas retardé longtemps l'union imminente, si même elle ne l'eût hâtée. Il lui préfère une alliance avec la Prusse et la Russie, où la Bavière serait admise, en vue de détruire les traités de 1815 et de ruiner la prépondérance de l'Autriche.

*
* *

Entre la volonté de la Prusse poursuivant l'unité de l'Allemagne et la nôtre orientée vers les frontières naturelles un accord était-il possible? Les ministres de la Restauration, successeurs de Talleyrand, l'ont cru très persévéramment. La menace que l'entreprise prussienne constituait contre la sécurité de la France, ils ont estimé qu'elle serait compensée si la barrière du Rhin nous était rendue. Leur conviction explique pourquoi ils ont laissé le cabinet de Berlin continuer son œuvre, alors qu'ils en suivaient les progrès et en mesuraient exactement les conséquences. Cette politique dont il convient de reconnaître l'accord avec l'instinct profond de la nation ne tarda pas à se perdre dans le dédale des diplomaties fallacieuses. Pourquoi?

Son premier tort fut d'avoir été trop dépendante de la fortune de la Russie en Orient et des succès que Nicolas Ier pourrait remporter sur la Sublime Porte. Par là elle est à la merci des occurences. Au regard de la Cour des Tuileries, le fait prochain et capital était la chute de l'Empire ottoman. Dans le remaniement général qui semblait devoir s'ensuivre, les intérêts prussiens lui apparurent faciles à lier aux nôtres. Elle se fia à la bonne volonté des Cours de Berlin et de Pétersbourg jusqu'au point d'escompter, en cas de guerre avec l'Angleterre et l'Autriche, la supériorité de leurs forces militaires et navales, n'hésitant pas à aborder, mal armée, cette redoutable aventure. Et c'est sa seconde erreur. La troisième fut de substituer dans ses projets à l'acquisition de la Rhénanie celle de la Belgique, où notre présence était insupportable à la Grande-Bretagne, sans être justifiée par le souci de nous garantir aussi efficacement d'une invasion venant de l'Est. Mais ce ne sont là encore que mauvaises méthodes, inadvertances diplomatiques; considérons maintenant en son fonds la politique allemande de la Restauration. Elle passe par deux phases contraires.

* * *

En 1815, quand le Congrès établit le statut germanique, Talleyrand unit la France à l'Autriche et à l'Angleterre. Résultat : il transporte la Prusse sur le Rhin, élargit le cercle de ses ambitions et la rend d'autant plus redoutable qu'il la maintient à l'état de Puissance disloquée [1].

1. Et le pis est qu'on ne se dissimule pas le danger. Nous avons cité plus haut un passage des Instructions données au duc de Laval.

Sitôt que Talleyrand a quitté le pouvoir, ses successeurs déplorant son œuvre travaillent à la détruire. Ils cherchent à s'appuyer contre l'Autriche et l'Angleterre sur cette même Prusse. Résultat : leurs secrètes visées les rendent favorables au Cabinet de Berlin qui commence par le Zollverein l'union germanique.

De ces deux fautes la plus grave est celle commise, au départ de la politique extérieure du Régime, par Louis XVIII et son premier Secrétaire d'Etat et sur laquelle il convient, en terminant, de revenir, car elle est la clef d'un siècle d'histoire.

Talleyrand n'avait pas ce sens du devenir et du développement que nos voisins de l'Est appellent *Entwicklung* et qui leur représente les parties d'un tout comme solidaires et complémentaires en sorte que chacune d'elles nécessite le reste. Esprit statique, nullement dynamique, il ne voyait que le présent sans pénétrer jusqu'à la tendance, qui est cependant la seule réalité. Il ne comprit pas que s'affrontaient deux politiques nationales, dont on devait chercher la conciliation dans leur accomplissement simultané : politique de l'Allemagne recherchant la concentration; politique de la France aspirant à ses frontières naturelles. Il abandonna l'une et prétendit empêcher l'autre. Ainsi fourvoyait-il la France qui manqua à son destin. L'unité allemande, qui n'était pas incompatible avec notre sécurité, si, bornés au Rhin, nous l'avions, au delà, laissée s'accomplir, devint pour nous un formidable danger, s'opérant malgré

Celles que Talleyrand rédigea pour lui-même en vue du Congrès de Vienne, et que signa Louis XVIII, n'étaient pas moins formelles : « La constitution physique de cette monarchie, lui fait de l'ambition une sorte de nécessité. »

nous, par la force, et débordant sur la rive gauche.

Il fallait opter entre deux périls : soit laisser la Prusse s'incorporer la Saxe et consentir à l'unité allemande; soit, transportant cette même Prusse sur le Rhin, lui ouvrir la partie de l'Allemagne où son ambition serait surtout menaçante pour nous. Talleyrand choisit le second terme de l'alternative. Représentant fidèle de la tradition, il se fût décidé autrement. Installer le roi de Saxe, notre ami et allié, sur le Rhin, n'était-ce pas, dans la mesure du possible, sauver des résultats longuement poursuivis? La monarchie française avait exercé dans les provinces rhénanes une influence qui, au jugement commun, dépassait celle de l'Empereur, d'Allemagne, avec laquelle elle était en lutte dans toutes les petites Cours. Cette influence avait été, aux temps de la République et de l'Empire, muée en domination directe. Notre administration, abolissant les survivances détestées du régime féodal, avait, en Rhénanie, comme jadis en Alsace, été accueillie avec enthousiasme. Les Rhénans s'étaient vraiment sentis membres de la famille française. On le vit bien en 1813, lors du grand soulèvement de l'Europe contre la France : on peut dire qu'en cet instant le Rhin sépare deux peuples. Sur la rive droite, tout cède au torrent du patriotisme allemand qui ne réussit pas à entraîner avec lui les habitants de l'autre rive : autant que Strasbourg, Mayence est française.

Notre diplomatie ne sait pas en cet instant qu'il y a des courants auxquels il est vain de vouloir mettre obstacle : on peut les diriger, les canaliser, luer donner des digues; on ne les arrête pas longtemps. L'idée de nationalité, comme l'idée de démocratie, à laquelle elle est apparentée, a dominé tout le XIXe siècle. S'il était dangereux de lui trop céder, il ne l'était pas moins de la nier. Ni ces abandons ni ces entêtements ne conviennent à l'homme d'État : celui-là seul mérite ce nom qui sait se plier aux circonstances et prendre en face des faits politiques l'attitude du savant devant les phénomènes naturels, *natura parendo vincitur*. La sagesse eût été, prévoyant l'inévitable et le prévenant, de laisser l'unité allemande s'accomplir, dans une mesure, en définitive, assez compatible avec notre sécurité.

Permettre à la Prusse de réaliser cette unité, restreinte à la rive droite du Rhin, ou la contrarier dans ce dessein mais en la portant sur la rive gauche, entre ces deux politiques, l'histoire d'un siècle a prononcé : elle condamne la seconde. En vain dit-on que les événements de 1870 justifient Talleyrand. Napoléon III, en suivant un autre système et en ne cherchant pas à se concerter avec l'Autriche pour entraver l'œuvre unitaire de la Prusse, a causé tous nos malheurs. Sans doute, sa politique ne peut être défendue : audacieuse dans ses visées, timide dans ses résolutions, faible par les moyens, elle prétendit être une idée qui se réalise et ne fut qu'un songe qui s'évanouit. Pourtant, s'il se montra impuissant à résoudre le phénomène, il en avait exactement vu la solution. Et si celle-ci était devenue si difficile, n'est-ce pas justement parce que la Prusse avait été établie sur la rive gauche du Rhin? Dès ce jour, le choc était fatal.

On insiste : un demi-siècle de paix a suivi les traités de 1815. Certes. Mais de cet antécédent à ce subséquent il n'y a pas rapport de cause à effet. Pareillement en a-t-il été du traité de Francfort? Faut-il pour autant y voir la main d'une Providence incorruptible et justicière? La quiétude dont l'Europe aurait été redevable aux dispositions de l'Acte final de Vienne, ne leur fut pas due, mais à la crainte que le souvenir de nos victoires inspirait à la Sainte Alliance et qui valut — nous pouvons aujourd'hui l'affirmer pièces en mains — à Louis-Philippe une reconnaissance si prompte. Elle n'a pas eu, non plus, la durée qu'on lui prête. Dix ans n'étaient pas écoulés qu'une première atteinte était portée à l'œuvre du Congrès par la séparation de la Belgique et de la Hollande. Ses signataires eux-mêmes brûlaient de l'anéantir, et Metternich tout le premier. Le duc de Laval ne mande-t-il pas, en 1829, que le Chancelier « ne compterait plus sur le maintien de l'ancien équilibre... Il se prépare à tout événement et ne craint pas de nourrir la haine nationale contre ses voisins. » L'Autriche si intéressée à « l'ordre établi » répugne, autant que la France à un concert entre elles pour le maintenir. Elle refusera au duc d'Orléans la main d'une archiduchesse et, de 1866 à 1870, elle se dérobera constamment, lâchement, aux propositions venues de Paris en vue d'une convention militaire. La Russie et la Grande Bretagne à qui causait des alarmes l'unification de l'Allemagne ne furent pas moins aveugles et irrésolues; de telle sorte que si ce fut une faute de n'avoir pas tenté d'y mettre obstacle, la France n'est pas seule à l'avoir commise.

Au surplus, à qui cette paix si vantée a-t-elle servi sinon à la Prusse pour mener à bien la préparation et l'exécution de ses plans belliqueux? Ne devons-nous pas la regretter comme génératrice de guerres? Ce n'est pas pour avoir dénoncé l'édifice inique de 1815 que le second Empire mérite condamnation, c'est pour n'avoir pas adapté ses moyens militaires et politiques au but à atteindre. Le grand conflit de 1914 a rendu manifeste la méprise qui fut celle de Louis XVIII, puis de Napoléon III. Les conséquences de 1870 ont été effacées, non point celles de 1815 : l'Alsace et la Lorraine sont revenues à la France; mais la Prusse s'est maintenue dans le poste d'attaque qui lui fut donné contre nous, par une Europe stupide, au milieu des fêtes et des plaisirs, du plein gré de notre gouvernement.

Combien ne devons-nous pas, aujourd'hui, regretter la combinaison qu'écarta Talleyrand! Les populations rhénanes en eussent été satisfaites. Si grande avait été sur elles notre influence que celle-ci devait, pendant de longues années, résister à toutes les pressions. En 1829, encore, notre Ministre à Berlin constate que « ces populations regrettent le passé et que les princes prussiens, toujours empressés à visiter leurs provinces, s'abstiennent, autant que possible de s'aventurer de ce côté ». Ne peuvent-ils s'en dispenser? « Ils pressent leur marche et ils évitent des rapports qui, souvent, n'eussent été que l'expression des embarras de l'administration et des plaintes des sujets (1). »

Quinze ans plus tôt, les Rhénans, heureux d'échapper à la domination prussienne eussent accueilli avec faveur, tout en regrettant les préfets français, la venue d'un roi saxon et catholique. Réalisé, il y

1. Dans une dépêche du 24 octobre 1829, le comte d'Agoult, notre représentant à Berlin, écrit à propos de l'application projetée des lois prusiennes aux Rhénans : « il en résulte une démonstration de répugnance qui est un des embarras de la nouvelle souveraineté... Il serait curieux de rechercher quel est pour les Allemands le charme, le lien secret qui les attire ainsi encore aux lois d'un peuple qui les a vaincus et dominés. Ce ne peut être l'habitude seule : la France n'a régné sur la rive gauche que dix-huit ou dix-neuf ans, sur la rive droite dix ans; et seize ans se sont écoulés déjà depuis que la Prusse a remplacé la France... Le fait est certain : la majeure partie des habitants, ceux mêmes qui sont rentrés avec plaisir dans le sein de leur ancienne patrie, préfèrent l'organisation et l'administration française et nos lois à celles qui leur sont annoncées. Je ne parle ici que des lois civiles et d'administration provinciale; je ne touche pas à la question politique qui donnerait autant d'avantages, peut-être. » « Le territoire rhénan dont la population est presqu'entièrement hostile à la Prusse d'aujourd'hui ». Lettre du comte de Mérode à Thiers, en janvier 1839.

a un siècle, ce projet — que Polignac devait reprendre *in extremis*, sous une forme inepte — eût, d'un commun consentement, constitué cet Etat-tampon, qui, seul, serait capable d'empêcher les chocs. Supposons-le existant en 1830, au moment de la révolution des Pays-Bas. Uni à la Belgique pour former avec elle un royaume, celui-ci aurait été assez fort par ses frontières, sa population, ses richesses naturelles et variées, son crédit, pour rendre sa neutralité inviolable. Louis-Philippe eût pu, pour prix de son louable désintéressement, recouvrer Bouillon, le Grand-Duché de Luxembourg, la vallée de la Sarre, et Landau. La Grande Bretagne, satisfaite de ne pas voir le drapeau tricolore sur Anvers ou un prince français régner à Bruxelles, s'y fût pliée [1]. Que de désastres eussent été prévenus, de ressentiments, de persistantes défiances! Un passé pacifique aurait préparé pour deux grandes nations, engagées dans une voie d'entente et de collaboration, un pacifique avenir.

1. Le duc de Saxe-Cobourg-Gotha venait d'offrir de céder à la France le territoire de Lichtenberg, naguère compris dans l'ancien département de la Sarre et dont on lui avait, à Vienne, constitué une principauté, à laquelle, étant trop éloignée de son duché, il ne tenait guère. Il mettait à ce transfert peu d'exigence. C'est la Prusse qui le réalisa en 1834. AFFAIRES ETRANGÈRES, *Saxe*. Correspondance générale, p. 93.

FIN

TABLE DES MATIÈRES

MAYENNE, IMPRIMERIE FLOCH. — 14-5-1930

www.ingramcontent.com/pod-product-compliance
Ingram Content Group UK Ltd.
Pitfield, Milton Keynes, MK11 3LW, UK
UKHW022014170726
13837UKWH00001B/190